Wilhelm Penn

Früchte der Einsamkeit, in Gedanken und Maximen über den menschlichen Lebenswandel

Wilhelm Penn

Früchte der Einsamkeit, in Gedanken und Maximen über den menschlichen Lebenswandel

ISBN/EAN: 9783743310681

Hergestellt in Europa, USA, Kanada, Australien, Japan

Cover: Foto ©Thomas Meinert / pixelio.de

Manufactured and distributed by brebook publishing software (www.brebook.com)

Wilhelm Penn

Früchte der Einsamkeit, in Gedanken und Maximen über den menschlichen Lebenswandel

Wilhelm Penn's,

Stifters und Gesetzgebers der Colonie Pennsilvanien,

Früchte

der

Einsamkeit,

in

Gedanken und Maximen

über

den menschlichen Lebenswandel.

Aus dem Englischen.

Tübingen,
bei Johann Georg Cotta.
1785.

Vorrede.

Leſer,

Die Anleitung die ich dir hiemit über-
reiche, iſt eine Frucht der Einſamkeit;
einer Schule, worinn wenige Menſchen gerne lernen, obgleich keine beſſer
lehrt. Einige Theile des Werkgens
ſind das Reſultat ernſter Ueberlegung;
andere, Wetterleuchten des Verſtan-
des in heiterern Zwiſchenzeiten: es
wurde zu des Verfaſſers Privat-Ver-

gnügen

gnügen geschrieben, und nun zu eini=
ger Erleichterung eines menschlichen
Lebenswandels heraus gegeben.

Der Verfasser dankt GOtt für
seine Einsamkeit; und küßt jene sanf=
te Hand, die ihn hinein geführt hat:
denn sollte sie auch für die Welt un=
fruchtbar seyn, so wird sie es doch für
ihn selber nimmermehr seyn.

Er hat nun einige Zeit gehabt,
die er sein Eigenthum nennen konnte;
eine Art Eigenthum, die er vorher
nie so vollkommen besessen hat. In
dieser Zeit hat er sich, und die Welt
betrachtet; und geforscht, worinn er
den Zweck getroffen oder verfehlt hat;
was er, in seinem eigenen menschli=

chen

chen Lebenswandel hätte thun, oder
bessern, oder meiden können; nebst
den Unterlassungen und Ausschweifungen anderer, Gesellschaften und Regierungen, sowohl als Privat-Fami-
lien und Personen. Und wahrlich,
er glaubt, daß er, wenn er sein Leben wieder von vornen anfienge, mit
GOttes Gnade nicht nur GOtt, sondern auch seinem Nächsten und sich selber, besser dienen könnte, als er ihnen
gedient hat, und daß er doch dabey
noch sieben Jahre seiner Zeit erübrigen würde. Und doch, ist er vielleicht eben nicht der schlimmeste noch
der müßigste Mensch in der Welt gewesen; auch ist er noch nicht der äl-

a 3　　　　　teste.

teſte. Dieß ſagt man, blos, um
dich, Leſer, deſtomehr anzuſpornen,
daß du nichts von der Zeit, die dir
jetzt noch gehört, verliehren mögeſt.

Nichts pflegen wir ſo ſehr zu verſchwenden, als Zeit: und nichts ſollten wir doch ſorgfältiger auskaufen:
da wir ohne ſie, in dieſer Welt, gar
nichts thun können. Zeit iſt das,
was wir am meiſten bedürfen, aber
auch, leider, am meiſten mißbrauchen:
und das, wofür wir dereinſt, wenn
die Zeit zu Ende iſt, GOtt ſicherlich
eine ſtrenge Rechenſchaft werden geben
müßen.

So wichtig iſt ſie für uns in Abſicht auf beyde Welten, daß ich ſchwer-
lich

lich jemanden etwas besseres wünschen
kann, als daß er die Anwendung seiner Zeit ernstlich prüfen möge: wie
und wozu er sie gebrauche: und was
er GOtt, seinem Nächsten, und sich
selber dagegen erstatte. Wird er denn
nie ein Tagebuch, für diese, die wichtigste Weisheit und Arbeit seines Lebens, führen?

Nur Einmal in die Welt kommen, und unsern wahren Genuß der
Welt und unsrer selbst in der Welt,
vertäubeln, das ist wahrlich etwas be-
jammernswerthes. Diese einzige Ueberlegung würde einem denkenden
Menschen schon einen wichtigen Unterricht abgeben. Und da kein nie-

brige-

brigeres Geschöpf so denken kann, so
muß der Mensch durch Unbedachtsam-
keit und Leichtsinn, nothwendig zu den
Thieren herab sinken: und dies begegnet wirklich denenjenigen, die sich
um die Anwendung ihrer so höchstkost-
baren Zeit nicht bekümmern.

Dieß finden wir nur zu hand-
greiflich wahr, wenn wir bedenken,
daß es kaum etwas giebt, das wir am
rechten Ende anfassen, oder zu seinem
rechten Endzwecke benutzen.

Wir verstehen wenig von GOttes Werken in der Natur oder Gnade.
Wir jagen falschen Kenntnißen nach,
und irren, in Ansehung der Erziehung, sehr weit. Wir sind in unsern
Neigun-

Neigungen haſtig; in unſerem ganzen
Lebenslauf unordentlich und verwirrt:
was uns zum Segen verliehen war,
verwandeln wir in eine, uns ſelber
und andern verdrüßliche Laſt: wir ver-
ſehlen den richtigen Begriff von Glückſeligkeit: und ſomit auch den rechten
Gebrauch des Lebens, und den Weg
zum Glück.

Und ſo lange wir uns nicht bewegen laſſen, ſtille zu ſtehen, und aus
dem lärmenden Schwarm und be-
ſchwerlichen Gedränge der Welt ein
wenig auf die Seite zu gehen, und
die Dinge kaltblütig und aufmerkſam
zu betrachten; ſo lange werden wir
unmöglich uns ſelber richtig beurthei-

a 5 len,

ten, oder unser Elend einsehen lernen.
Haben wir aber einmal jene richtige
Rechnungen angestellt, die uns die
Einsamkeit erleichtern wird, so wer-
ben wir anfangen, die Welt großen
Theils für wahnwitzig zu halten, und
zu glauben, wir haben bisher immer
in einer Art Tollhauses gelebt.

Leser, du seyest alt oder jung,
so halte es doch nicht für zu früh noch
zu spät, dein bisheriges Leben durch-
zuprüfen; vergiß ja nicht, irgend eine
dir darinn auffallende Stelle, anzu-
merken; und wende den Ueberrest bei-
ner Zeit zur Besserung solcher Fehler
in deinem künftigen Betragen an; sie
beziehen sich nun, auf dieses oder das
künf-

künftige Leben. Was du nun thun wolltest, im Falle du das gethane wieder thun könnteſt, das thue ja ſo lange du lebſt, in ähnlichen Gelegenheiten.

So oft wir unſern vergangenen Fehlern nachbenken, ſcheinen unſere Entſchlüße feſt und ſtark zu ſeyn: aber, ach, bey neuen Verſuchungen zu den nämlichen Fehlern, werden ſie nur gar zu leicht matt.

Der Verfaſſer bildet ſich nicht ein, daß er dir hiemit etwas vollkommenes überliefere: ſeine Abſicht iſt nicht, ſich zu zeigen, ſondern Gutes zu thun. Das Werkgen iſt vermiſchten Inhalts, und in Anſehung der Compoſition nichts weniger als ein Kunſtwerk. Aber es enthält Winke, die dir zu Texten zu Predigten an dich ſelber dienen können,

und

und die Vieles vom menschlichen Lebenswandel enthalten. Denn, du seyst Vater oder Kind, Fürst oder Unterthan,
Herr oder Knecht, verehlicht oder unver-
ehlicht, ein Beamter oder Privatmann,
hoch oder niedrig, reich oder arm, glücklich oder unglücklich, im Frieden oder im
Streite, in Geschäften oder ruhiger Einsamkeit; deine Neigung oder Abneigung, Handlungsart oder Pflicht seyen
was sie wollen; so wirst du doch allemale hier etwas finden, das zu deiner
Leitung und deinem Besten nicht un-
dienlich seyn dürfte.

Nimm und benuße was deine
Aufmerksamkeit verdient: das übrige
entschuldige, und schreibe es dem Wohl-
wollen gegen dich und die ganze
Schöpfung GOttes zu.

Inn-

Innhalt

der Früchten der Einsamkeit, in Gedanken und Maximen.

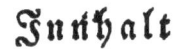

Erster Theil.

Entsche

Innhalt

Innhalt der Früchten der Einsamkeit.

❀ ❀ ❀

Früchte der Einsamkeit,

in
Gedanken und Maximen.

Erster Theil.

Unwissenheit.

1.

Etwas verwundernswerthes ist's, wenn man bedenkt, wie viele Millionen Menschen in die Welt kommen, und sie wieder verlassen, ohne weder sich, noch die Welt worinn sie gelebt haben, zu kennen.

2. Besähe jemand Windsor = Cästle, oder Hämpton = Court, so würde es wahrlich etwas seltsames seyn, wenn er die Lage, Bauart, Gärten, Brunnen, ꝛc.

A   die

die die Schönheit und Anmuth eines solchen Sitzes ausmachen, nicht bemerkte,
oder vergäße. Und doch kennen wenige
Menschen sich selber: ja, auch nur ein=
mal ihre eigene Leiber, die Wohnungen
ihrer Seelen, das künstlichste Gebäude in
der Welt; eine lebende, sich selbst bewe=
gende Hütte; noch die Welt, woraus der
Leib gemacht ist und woraus er ernährt
wird; deren Kenntnis uns doch so viel
Nutzen und Vergnügen gewähren würde.
Hieran können wir nicht zweifeln, wenn
wir lesen, daß die „unsichtbare Werke
„ Gottes durch seine sichtbarn ans Licht
„ gebracht werden.” Und folglich, so oft
wir sie aufmerksam ansehen, lesen wir in
ihnen unsere Pflicht gegen ihren großen
und weisen Schöpfer.

3. Die Welt ist gewiß ein großes
und herrliches Buch natürlicher Dinge;
und man kann sie nicht unschicklich das
Sinnbild einer bessern Welt nennen. Aber
ach, wie sehr wenige Seiten dieses Buchs
lesen wir mit Aufmerksamkeit? Diß sollte
der

der Gegenstand der Erziehung unserer Ju=
gend seyn; die in einem Alter von zwan=
zig Jahren, da sie zu Geschäften taugen
sollte, wenig oder nichts versteht.

Erziehung.

4. Wir geben uns Mühe, sie zu
Gelehrten, aber nicht, sie zu Männern
zu machen; sie eher plaudern, als verste=
hen zu lehren: eine wahre Marktschreye=
rey!

5. Das erste, was Kindern auffällt,
sind Dinge, die in die Sinnen fallen;
und diese wenden wir nicht zu ihrem er=
sten Unterricht an.

6. Wir beschwehren ihr Gedächtniß
zu früh, und plagen, beladen, und stren=
gen sie an, Wörter und Regeln, Gram=
matik und Rhetorik, und eine oder ein
paar ausländische Sprachen zu lernen, die
sehr wahrscheinlicher Weise ihnen niemals
das geringste nuzen werden; und wir las=
sen ihre natürliche Anlage und Fähigkeiten

zu mechanischen und physischen oder Naturgeschichtskenntnißen, unangebaut und unbenutzt; die ihnen doch ihr ganzes Leben hindurch so ungemein großen Nutzen und Vergnügen gewähren würden.

7. Zwar sind Sprachen nicht zu verachten noch zu verabsäumen; aber Sachen sollten ihnen doch immer noch vorgezogen werden.

8. Man sollte Kindern lieber Spielsachen und Werkzeuge machen, und sich mit Zeichnen, Bilden, Bauen, ꝛc. als mit dem Auswendiglernen einiger Sprachregeln beschäftigen laßen; und diese würden bey reiferer Urtheilskraft, mit wenigerer Mühe und in kürzerer Zeit von selbst folgen.

9. Ein Glück wär's, wann wir die Natur aufmerksamer an natürlichen Dingen studireten; und der Natur gemäß handelten, deren Regeln wenig, einfach, und höchst vernünftig und weise sind.

10. Laßt uns anfangen, wo sie anfängt,

fängt, ihren Schritt mitgehen, und alle=
zeit mit ihr stillstehen oder aufhören; so
werden wir unfehlbar gute Naturalisten
werden.

11. Die Schöpfung würde kein Räth=
sel mehr für uns seyn. Wir würden die
Himmel, die Erde, die Wasser, mit ih=
ren jederseitigen, mannichfaltigen, und
zahlreichen Bewohnern, mit ihren Pro=
dukten, ihren Naturen, Jahreszeiten und
Witterungen, Sympathien und Antipa=
thien, ihren Gebrauch, Nutzen und Ver=
gnügen, besser verstehen: und durch diese
sichtbare, handgreifliche und vergängliche
Formen würden wir eine ewige Weisheit,
Allmacht, Majestät, und Güte sehr au=
genscheinlich erkennen müssen: indem die
Welt allenthalben das Gepräg ihres
Schöpfers sichtbarlich an sich trägt,
dessen Züge den Kindern der Weisheit
sehr leserlich sind.

12. Und es würde viel dazu beytra=
gen, die Menschen in ihrem Gebrauche
der Welt zu warnen und zu leiten, wenn

sie ihre Schöpfung und Natur besser ver=
stünden.

13. Denn, wie würden Menschen so
frech seyn und sie misbrauchen können,
dieweil sie ihren großen Schöpfer in jedem
Theile der Welt ihnen in die Augen
leuchten sähen?

14. Ihre Unwissenheit macht sie un=
empfindlich; und dieser Unempfindlichkeit
kann man ihre Mißhandlung verschiedener
Theile dieser herrlichen Schöpfung zuschrei=
ben, an welcher verständige Zuschauer al=
lenthalben und allezeit das Gepräg und
die Stimme einer Gottheit bemerken.

15. Es ist also Schade, daß keine
geschikte und sorgfältige Naturforscher und
Mechaniker eigene Bücher für die Jugend
in lateinischer Sprache geschrieben haben,
worinn sie in Schulen, mit Wörtern zu=
gleich Sachen lernen könnte: und Sachen,
die ihnen in die Sinnen fielen und be=
kannt wären; und eben deswegen die Er=
lernung der Sprache ihnen erleichtern
würden.

16.

16. Viele geſchikte Gärtner und Feld=
leute verſtehen die Gründe ihrer Berufs=
geſchäfte nicht: ſo wie die mehreſten Künſt=
ler und Handwerksleute die Gründe ihrer
eigenen Regeln nicht verſtehen, wonach ſie
ſich doch in ihren vortreflichen Arbeiten
richten. Ein Naturkündiger oder Mecha=
niker dieſer Art, hingegen, verſteht den
Grund von beyden, und könnte die Kün=
- ſte auch ausüben lernen, wenn ſein Fleis
ſeiner Spekulation immer gleich käme:
welches ſehr löblich wäre; und ohne wel=
ches man ihn für keinen vollkommenen
Naturkündiger oder Mechaniker halten
kann.

17. Endlich, iſt der Menſch ein In=
begriff, ein Auszug der Welt, eine kleine
Welt, wie die Philoſophen uns ſagen; ſo
dürfen wir uns ja nur ſelber aufmerkſam
ſtudiren, um die Welt kennen zu lernen.
Weil wir aber nichts ſo nachläſig überſe=
hen, als die Züge unſres Schöpfers, die
ſo deutlich an uns und der von ihm uns
gegebenen Welt erſcheinen, und die uns

am

am beſten ſagen könnten, was wir ſind,
und was wir ſeyn ſollten, ſo bleibt uns
ſo gar unſer eigen Genie, jener Spiegel
unbekannt, worinn wir jene ächte, lehr=
reiche und anmuthige Mannichfaltigkeit,
die man in der Natur bemerken kann,
zur Bewunderung jener Weisheit, und
zur Anbetung jener Macht, die uns alle
geſchaffen hat, ſehen ſollten,

Stolz.

18. Und doch pflegen wir nur gar
zu leicht, von uns ſelber voll zu ſeyn,
an ſtatt von demjenigen, der das, was
wir ſo hoch ſchäzen, gemacht hat; und
ohne welchen wir keine Urſache haben kön=
nen uns hoch zu ſchäzen. Denn wir ha=
ben nichts, das wir unſer eigen nennen
könnten: ja nicht einmal, uns ſelber:
denn wir ſind bloſe Pachter; und auch
diß nur ſo lange es dem großen Herrn
unſer und dieſes ganzen großen Pacht=
guts, der Welt, worinn wir leben, ge=
fällt.

19. Mir dünkt aber, wir können es weder gegen uns selber, noch gegen unsern Schöpfer, verantworten daß wir so leben und sterben, ohne uns selber, und folglich auch ohne ihn und die Verpflichtungen die wir ihm unsertwegen schuldig sind, zu kennen.

20. Ists der Werth eines Geschenks, der die Verbindlichkeit und die Erwiederung des Danks des Empfängers bestimmt; so wird der, der seinen Werth nicht kennt, weder das Geschenk noch dessen Geber darum zu schäzen wissen.

21. Und diß ist der Mensch in seiner Unwissenheit seiner selbst. Er weiß seinen Schöpfer nicht zu schäzen, weil er dessen Schöpfung nicht zu schäzen weiß. Betrachten wir seine Bildung, seine schöne Zusammensezung, die verschiedenen Theile und Glieder dieses bewundernswürdigen Gebäudes, ihre Anordnung, Verrichtungen, und Verbindung: die Werkzeuge zum Speisen, zum Verdauen; die verschiedenen Verwandelungen der Speisen, die

höchst

höchst verwickelte und unmerkbar kleine
Canäle, wodurch die Nahrung sich durch
den ganzen Leib drängt und verbreitet;
wie die Lebensgeister dadurch erfrischt werden, und mit unbeschreiblicher Geschicklichkeit und Behendigkeit alle Theile ge-
schäftig machen sich selber zu nähren;
und endlich, wie die vernünftige Seele
im Thiere als ihrem eigenen Hause, so
wie das Thier im Körper, wohnt: ich
sage, wenn wir auch nur dieses erstaun-
liche Gebäude mit allem dem betrachteten,
was zu seiner Nahrung und seinem Vergnügen dient, so würde der Mensch gewiß
ein ehrfurchtsvolles Gefühl von der Macht,
Weisheit und Güte GOttes, und jener
Pflicht haben, die er ihm dafür schuldig
ist. Kennte er aber erst auch seine eigene
Seele, ihre edle Kräfte, ihre Vereinigung
mit dem Leibe, ihre Natur und ihren
Endzweck, und die Verfügungen der Vorsehung, wodurch die ganze Menschen-Na-
tur erhalten wird, so würde er seinen guten und großen GOtt bewundern und anbeten.

beten. Aber der Mensch ist ein seltsamer Widerspruch von sich selber, und durch sich selber, geworden, und zwar nicht seiner ursprünglichen Natur nach, sondern durch seine Verderbnis.

22. Er fordert, daß andere Geschöpfe, und so gar seine Mitmenschen ihm gehorchen sollen: er hingegen will GOtt, der so unendlich höher und sein Schöpfer ist, nicht gehorchen.

23. Er will seiner Authorität nichts vergeben, ja nicht das geringste nachlassen. Er ist eigensinnig gegen seine Frau, prügelt seine Kinder, zankt seine Dienstboten ab, ist strenge gegen seine Nachbarn, ahndet jede Beleidigung aufs äußerste: vergißt aber leider! indessen immer, daß er ein Mensch, und daß er seinem GOtt der so auserordentlich langmüthig und gedultig gegen ihn ist, weit mehr schuldig ist, als diejenigen, gegen welche er so streng und ungedultig ist, ihm schuldig sind.

24.

24. Er ist besorgt, seinen Leib zu waschen, zu putzen, zu parfümiren; bekümmert sich aber nichts um seine Seele. Auf jenen verwendet er viele Stunden; auf diese nicht einmal so viele Minuten. Jener bekömmt jährlich drey oder vier neue Kleider; diese aber muß sich immer mit ihren alten Lumpen begnügen.

25. Soll er einen vornehmen Mann empfangen oder ihm aufwarten, wie sorgfältig und ängstlich ist er, daß ja alles in guter Ordnung sey! und wie ehrerbietig und aufmerksam naht er sich ihm? Aber wie trocken, und steif, und erzwungen ist er auch dagegen in seiner Andacht an GOtt!

26. In seinem Gebete sagt er: "Dein Will geschehe:" er meynt aber seinen eigenen Willen, wenigstens handelt er so, als ob er ihn allein meynte.

27. Nur allzuoft fängt man mit GOtt an, und beschließt mit der Welt. GOtt aber ist des Frommen Anfang und Ende, sein Alpha und Omega.

Ueppig.

Ueppigkeit.

28. So leckerhaft sind wir nun ge=
worden, daß wir uns mit keinen gemeinen
Speisen, mit keinem schwachen Getränke,
begnügen wollen: wir müssen immer das
beste, und am besten bereitete, für un=
sern Leib haben; dagegen unsere Seele sich
mit Wind oder verdorbenen Speisen näh=
ren soll.

29. Kurz, der Mensch verschwendet
alles auf ein leeres Haus, dessen Inwen=
diges wenig oder gar nicht möblirt ist.
Das heißt, ein Kästgen dem Kleinod, und
einen kurz zeitigen Pacht, einem ewigen
Erbgute und Besize, vorziehen. So ab=
geschmackt ist der Mensch, bey allen seinen
stolzen Ansprüchen auf Witz und Verstand.

Unbedachtsamkeit.

30. Der Mangel an gehöriger Ueber=
legung ist die Ursache alles des Elends,
das der Mensch sich selber zuzieht. Denn
seine zweyte Gedanken stimmen selten mit
seinen

seinen ersten überein, die nicht ohne beträchtliche Abkürzungen oder Verbesserungen bleiben. Und doch läßt er nur allzu oft sich durch diese auffallende Warnung, in seinem nachherigen Betragen nicht behutsamer machen.

31. Mit Recht können wir sagen unser Unglück rühre von uns selber her: denn wir thun nichts unerlaubtes oder thörichtes, ohne es zu wissen; und thun es doch.

Fehlgeschlagene Erwartung und Gedult.

32. Was mißlungene Entwürfe betrift, die nicht durch unsere eigene Thorheit mißlingen, so sind sie Prüfungen oder Züchtigungen des Himmels. Und unsere eigene Schuld ists, wenn sie uns nicht zum Vortheil gereichen.

33. Was über sie zu kränken, macht die Sache nicht besser: es heißt nur, wider unsern Schöpfer murren. Wenn wir aber die Hand GOttes in ihnen, mit einer demü=

demüthigen Ergebung in feinen Willen,
fehen, fo wiffen wir Waffer in Wein zu
verwandeln und die größte Liebe und Gna=
de auf unfere Seite zu ziehen.

34. Sehen wir bloß auf unfern Ver=
luft, fo können wir nicht anderft als uns
kränken. Betrachten wir hingegen, wie
wenig wir das, was uns noch übrig bleibt,
verdienen, fo wird unfere Leidenfchaft fich
abfühlen, und unfer Murren fich in Dank
verwandeln.

35. Wenn ohne GOttes Vorfehung
und Verfügung kein Haar von uns fällt;
fo gehen wir felber oder unfer Vermögen
noch viel weniger ohne fie, zu Grunde.

36. Auch können wir, fo tief wir im=
mer fallen mögen, doch nimmermehr für
die Arme GOttes zu tief fallen.

37. Denn ob gleich unferes Erlöfers
Leiden vorüber ift, fo ifts doch fein Mitlei=
den nicht. Dieß gebricht feinen demüthi=
gen und aufrichtigen Jüngern nie. An
ihm finden fie mehr als fie jemals in der
Welt verliehren können.

Murren.

Murren.

38. Ists vernünftig, es übel zu nehmen, daß irgend jemand uns sein Eigenthum abfordert? Alles was wir haben, gehört dem Allmächtigen; und soll GOtt nicht sein Eigenthum fordern dürfen, wenns ihm gefällt?

39. In solchen Fällen ist Unzufriedenheit nicht nur eine Undankbarkeit, sondern auch eine Ungerechtigkeit. Denn wir sind nicht nur undankbar für die Zeit, die wir das Gut genossen haben, sondern auch nicht ehrlich genug, es wieder heim zu geben wenn wir es behalten könnten.

40. Freylich fällt es uns schwer, die Sachen in so einem Glase, und in so einer Entfernung von dieser niedrigen Welt aus, anzusehen: aber es ist unsre Pflicht; und es würde unsre Weisheit und unser Ruhm seyn, es zu thun.

Tadelsucht.

41. Wir sind nur allzu bereit und muthwillig, andere über Dinge zu tadeln,

worüber

worüber wir selber keine Ermahnung an=
nehmen wollten. Und nichts zeigt unsre
Schwäche mehr, als daß wir zum Ent=
decken fremder Fehler so scharfsichtig, und
in Ansehung unserer eigenen, so blind sind.

42. Ist die Rede von den Handlun=
gen unseres Nächsten, so können wir alle
unsere Aufmerksamkeit anstrengen, wir
sind so scharf und kritisch, daß wir ein
Haar spalten, und jeden Fehltritt und je=
de Schwachheit ausfinden können. Für
unsere eigene hingegen haben wir gar kein,
oder nur sehr wenig, Gefühl.

43. Dieß rührt grossen Theils von
Bösartigkeit des Herzens sowohl als von
einer unordentlichen Selbstliebe her; denn
wir wollen lieber auswärts herum schwär=
men, als zu Hauß bleiben, und lieber
Unglückliche tadeln, als sie entschuldigen
oder retten.

44. Bey solchen Gelegenheiten zeigen
einige ihre Bosheit und spotten über Un=
glück: andere ihre Gerechtigkeitsliebe, und

B					können

können sehr fertig urtheilen. Aber wenige
oder keine, ihre Menschenliebe, besonders,
wenn von Geldsachen die Rede ist.

45. Da kann man einen alten Geiz=
hals mit steifem Ernste und solcher Stren=
ge wider den Nothleidenden auftreten se=
hen, um seine Börse zu schonen, daß er,
ehe er noch ausgeredet hat, schon unwider=
sprechlich beweißt, daß in seinen Augen,
Reichthum und Recht Eins sind. "Dieß,
sagt er, ist die Frucht eurer Verschwen=
dung: (armer Mann, als ob Habsucht
nicht eben sowohl ein Fehler wäre!) oder
eurer Projekte, oder eures Strebens nach
einer großen Handlung!" da er doch sel=
ber das nämliche gethan haben würde,
wenn er das Herz gehabt hätte, so viel
baares Geld aus seinen eigenen getreuen
Händen weg zu wagen, hätte er auch bey=
de Indien damit erwerben können: Aber
ein gerechtes Sprüchwort ists: "Laster
sollten Sünden nicht strafen."

46. Nur der hat ein Recht zu ta=
deln, der ein Herz hat zu helfen. Alles
übrige

übrige iſt nicht Gerechtigkeit, ſondern Grauſamkeit.

Gränzen der Mildthätigkeit.

47. Leihe nicht über dein Vermögen: aber weigere dich auch nicht, nach Vermögen zu leihen; beſonders, wenns andern mehr nuzen, als dir ſelber ſchaden, kann.

48. Iſt dein Schuldner ehrlich und vermögend, ſo bekömmſt du dein Geld wieder, wo nicht mit Zinnſen, doch mit Dank. Iſt er aber unvermögend, ſo richte ihn nicht zu Grunde um das zu erpreſſen, deſſen Verluſt dich ſelber nicht zu Grunde richten würde. Denn du biſt ja nur ein Verwalter: und ein anderer iſt dein Eigenthümer Herr, und Richter.

49. Je mehr Werke der Barmherzigkeit du thuſt, je mehr Barmherzigkeit wird dir wiederfahren: und wenn du durch einen mildthätigen Gebrauch deines zeitlichen Vermögens ewige Schäze gewunnſt, ſo iſt dein Erwerb unendlich groß:

B 2

denn

denn haſt du in der That die Kuiſſt zu multipliciren, gefunden!

Sparſamkeit oder Freygebigkeit.

50. Sparſamkeit iſt gut, wenn ſie mit Freygebigkeit verbunden wird. Jene beſteht im Weglaſſen überflüſſigen Aufwandes: dieſe im Verwenden deſſelben zur Hülfe der Dürftigen. Sparſamkeit ohne Freygebigkeit iſt ein Anfang zur Habſucht. Freygebigkeit ohne Sparſamkeit iſt eine Anlage zur Verſchwendung. Beyde zuſammen, machen eine vortrefliche Gemüthsart. Wohl dem Orte, wo man dieſe findet!

51. Wäre ſie allgemein, ſo wären wir an zwey Uebeln geheilt; an Mangel und Ausſchweifung: eines würde dem andern abhelfen, und ſomit beyde zu einer Mittelſtraße, dem rechten Wege zur wahren Glückſeligkeit bringen.

52. Eine Unehre iſts für Religion und Regierung, daß ſie ſo viele Armuth und Ausſchweifung dulden.

53.

53. Würden die Ueberflüßigkeiten ei=
ner Nation geschätzt und zu einer beständi=
gen Taxe oder Abgabe gemacht, so bekä=
me man mehr Almosenhäuser als Arme,
mehr Schulen als Schüler, und für die
Regierung könnte doch noch genug erübrigt
werden.

54. Gastfreiheit ist gut, wenn wir
gegen Aermere gastfrey sind: außerdem
gränzt sie zu nahe an Verschwendung.

Zucht.

55. Willt du in deinem Hause ruhig
und glücklich seyn, so halte vor allen Din=
gen über der Zucht.

56. Ein jedes in deinem Hause soll=
te seine Pflicht kennen: alles sollte seine
eigene Zeit und Ort haben: und was man
auch übrigens thun oder unterlassen mag,
so sorge vor allen Dingen dafür, daß man
alles mit GOtt anfange und ende.

Fleiß.

57. Arbeite gern. Denn ist auch
Arbeit dir eben nicht zum Unterhalt nö=

B 3   thig,

thig, so ist sie's doch vielleicht zur Gesund=
heit. Sie ist für deinen Leib gesund, und
für deine Seele ersprieslich und heilsam.
Sie beugt den Früchten des Müßiggangs
vor, der oft daher entsteht, daß man nichts
zu thun hat, und der zu viele Menschen
verleitet Dinge zu thun, die schlimmer sind
als Müßiggang.

58. Ein Garten, ein Laboratorium,
eine Werkstätte, Verbesserungen, Pflan=
zungen, sind angenehme und nützliche Zeit=
vertreibe für müßige und verständige Leu=
te: denn hier sind sie sicher für böser Ge=
sellschaft: sie beschäftigen sich mit Natur
und Kunst; deren mannichfaltige Abwech=
selungen eben so lehrreich als angenehm
sind; und sie erhalten Leib und Seele in
guter Gesundheit.

Mäßigkeit.

59. Dazu trägt eine mäßige Kost viel
bey. Iß daher, um zu leben, und lebe
nicht, um zu essen. Jenes ist menschlich;
dieses niedriger als thierisch.

60.

60. Deine Kost sey gesund, aber nicht kostbar; und eher reinlich als leckerhaft.

61. Die Kochkunst füllt Bände an: aber ein guter Appetit übertrift alle ihre Recepte: und nichts befördert einen guten Appetit mehr als Fleiß und Mäßigkeit.

62. Eine grausame Thorheit ists, seiner Pralerey das Leben so vieler Geschöpfe aufzuopfern, als zur Pracht unserer Gastmale verschwendet werden: und eine verschwenderische Thorheit ists, mehr auf die Sauçe als das Gerächte selber zu wenden.

63. Das Sprüchwort sagt: "Genug, ist so gut als ein Schmauß:" aber es ist gewiß, noch besser, wenn anderst, Ueberfluß, der bey Schmäusen allemal herrscht, ein Fehler ist.

64. Stehst du allezeit mit Appetit von der Tafel auf, so wirst du dich gewiß nie ohne Appetit daran niedersezen.

65. Trinke selten, wenn dich nicht

B 4

dürſteſ, und auch alsdenn nicht.zwiſchen
den Mahlzeiten außer im Nothfalle.

66. Je dünner und ſchwächer das
Getränk iſt, je heiterer iſt der Kopf und
je kühler das Geblüt: wichtige Vortheile
für Gemüthsart, und Ruhe, und Geſchäfte.

67. Starke Getränke ſind zu gewißen
Zeiten und in kleinen Portionen, gut;
und beſſer als Arzneyen denn als Getränke; als Herzſtärkungen denn zum gemeinen Gebrauche.

68. Die gemeinſten Dinge ſind auch
die nützlichſten: und eben diß beweißt ſo-
wohl die Weisheit, als die Güte des großen
Hausherrn der Welt.

69. Was Er demnach ſelten gemacht
hat, das brauche du nicht verſchwenderiſch;
ſonſt möchteſt du den Gebrauch und die
Ordnung der Dinge umkehren, darüber
muthwillig und wollüſtig, und dein Segen dir zum Fluche werden.

70. ”Damit nichts umkomme,” ſagt
unſer

unſer Heiland: nun aber kömmt das um, was gemisbraucht wird.

71. Auch bringe in einen andern nicht, das zu thun, was du ſelber nicht gerne thun wollteſt: und thue ſelber das nicht, was dir an einem andern unanſtändig und unmäßig dünkt.

72. Jede Ausſchweifung iſt ein Uebel: aber Trunkenheit iſt ein Uebel der ſchlimmſten Art. Sie verderbt die Geſundheit, zerrüttet Verſtand und Gemüth, und entmenſcht den Menſchen. Sie verräth Geheimniße, neigt zu Streit, zur Frechheit, Geilheit, zu Gefahren, und Tollheit. Kurz, ein Betrunkener iſt kein Menſch; denn ſo lang er trunken iſt, hat er die Vernunft nicht, die den Menſchen vom Viehe unterſcheidet.

Kleidung.

73. Ausſchweifender Kleiberpracht iſt eine andere koſtbare Thorheit. Die bloſen Ueberflüßigkeiten der eiteln Welt würde alle Nackten kleiden.

74.

74. Wähle deine Kleidung mit deinen eigenen Augen, und nicht durch fremde. Je einfacher und ungekünstelter sie ist, je besser. Sie sey weder tölpisch, ungestaltet, noch fantastisch: und zum Gebrauch und Wohlstande, nicht zum stolzen Staate bestimmt.

75. Bist du reinlich und warm, so ists genug: denn mehr als diß, ist nur ein Diebstal an den Armen, und ein Fallstrick für Geile.

76. Von der wahren Kirche heißt es: "Des Königs Tochter ist inwendig ganz herrlich:" laßt uns daher mehr für unsere Seelen als für unsere Leiber sorgen, wenn wir zur wahren Kirche gehören wollen.

77. Es heißt mit Wahrheit: "Sanftmuth und Sittsamkeit seyen der kostbare und reizende Schmuck der Seele;" und je einfacher die Kleidung ist, je deutlicher und stralender glänzt ihre Schönheit.

78. Sehr Schade, daß dergleichen Schönheiten so selten, und die von Jesabelens

kens Stirke so gemein sind, deren Putz
zur Geilheit lockt, aber Liebe oder Tugend
eher hindert als befördert.

Vernünftige Ehe.

79. Heyrathe nie außer um Liebe;
sieh aber wohl zu, daß du nur was wirk:
lich liebenswürdig ist, liebest.

80. Ist Liebe nicht dein Hauptbeweg:
grund, so wirst du des Ehestandes bald
überdrüßig werden, dich von deinem Ge:
lübde verirren, und dein Vergnügen an
verbottenen Orten suchen.

81. Laß den Genuß deine Zärtlichkeit
nicht mindern sondern vermehren. Etwas
höchst niederträchtiges ists, so lange wirs
nicht haben, dasjenige zu lieben, was wir
gering schäzen wenn wir's haben.

82. Der Unterschied zwischen Wollust
und Liebe ist der: die Liebe ist beständig;
Wollust flatterhaft; Liebe wächßt, Wol:
lust schwindet, durch Genuß: und die Ur:
sache hievon ist, Liebe entsteht aus einer
Verei:

Vereinigung der Seelen; Wolluſt, aus einer Vereinigung der Sinnen.

83. Ihr Urſprung iſt verſchieden, und folglich auch ihre Familien. Liebe iſt iſt innig und tief: Wolluſt ſeicht: jene beſtändig, und dieſe vergänglich.

84. Die, welche um Geld heyrathen, können das wahre Vergnügen des Eheſtandes nicht genießen, weil es ihnen an eben dazu nöthigen Mitteln gebricht.

85. Die Menſchen pflegen insgemein mehr für die Zucht ihrer Pferde und Hunde, als für die Zucht ihrer Kinder zu ſorgen.

86. Jene müſſen in Anſehung ihres Wuchſes und Muths, ihrer Stärke und Eigenſchaften von der beſten Art ſeyn; was aber dieſer ihre eigene Nachkommenſchaft betrift, ſo ſoll Geld allein alles aufwägen. In ihren Augen macht es Krumme und Schielende, gerad; Tolle vernünftig, Narren klug, Ungeſunde geſund; es beſſert die Haut und den Athem, und die

(ver-

(verwirkte) Ehre, verjüngt Alte, und thut
Wunder.

87. Wie niederträchtig ist der Mensch
geworden! -. : der Mensch, das edelste Geschöpf in der Welt, gleichsam ein Gott auf
Erden, und ein Ebenbild ihres Schöpfers,
kann so die Erde für den Himmel ansehen
und Gold statt GOttes anbeten!

Geiz.

88. Habsucht ist das größte unter allen Ungeheuern, und die Wurzel alles Ue-
bels. Ich habe einmal einen Menschen
gesehen, der starb, um die Kosten zu ersparen! "Was! einem Doctor zehen Schil-
"linge bezahlen, und noch überdem eine
"Apothekers=Rechnung, die sich, ich weis
"nicht, wie hoch belaufen kann, bezahlen
"müssen!" Nein, Nein, das that er nimmermehr! denn er schäzte sein Leben geringer als zwanzig Schillinge. Zwar, so
ein Mensch konnte freylich wohl sich selber
kaum gering genug schäzen; der, ohngeach-
tet er bis ans Kinn in Goldsäcken lebte,

doch

doch lieber ſterben, als ſich entſchließen wollte, einen davon zu öffnen, um ſein Leben zu retten.

89. So ein Menſch iſt ein Selbſtmörder; und keines Chriſtlichen Begräbnißes werth.

90. Er iſt ein gemeiner Unrath, ein Weher queer über den Strohm, das ihn hemmt; eine Verſtopfung, die die Rechte wegpurgiren ſollten. Das einzige Vergnügen, das er ſeinen Nachbarn macht, iſt, daß er ihnen zeigt, daß ihm ſelber ſeine Schäze eben ſo unnüz ſind, als ihnen. Denn er ſieht immer wie die leibhafte Faſten aus, und iſt eine Art eines weltlichen Minoriten. Man kann ihn gewißermaßen mit Pharaohs magern Kühen vergleichen; weil alles was er hat, ihm nicht gedeiht. Insgemein trägt er ſeine Kleider bis ſie Reißaus nehmen, oder ſonſt niemand ſie mehr tragen kann. Er ſtellt ſich arm, um ſich für Räubereyen und Taxen zu ſichern; und ſelber als Almoſen bedürftig, damit er keins geben darf. Er geht immer ſpät

zu

zu Markt, um es zu bemänteln, daß er das schlechteste kaufe, kaufts aber nur weils am wohlfeilsten ist. Er lebt vom Abfalle. Einer jeden andern Gemüthsart als der seinigen würde sein Leben eine unerträgliche Strafe seyn: und er selber könnte keine größere Qual auf Erden leiden, als wenn er wie andre Menschen leben müßte. Aber das Elend seines Vergnügens ist, daß er niemals genug bekommen kann, und unaufhörlich fürchtet, das zu verliehren, was er doch nie genießt.

91. Wie schändlich muß sich der Mensch verirrt haben, der ein Sklave seines Knechts wird, und ihn zur Würde seines Schöpfers erhebt, dessen Geld sein Gott, seine Frau, sein Freund, seine ganze Welt, ist! Aber, im

Heyrathen,

92. sey klug: ziehe die Person dem Gelde; Tugend, der Schönheit, die Seele dem Leibe vor: alsdenn hast du eine Ehegattinn, eine Freundinn, eine Gefährtinn,

ein

ein zweytes Ich, das an allen deinen Ar=
beiten und Beschwerden einen gleichen An=
theil nimmt.

93. Wähle eine Person, die ihr Ver=
gnügen, ihre Sicherheit, ihre Gefahr, nach
den deinigen abmesse; auf die du dich, wie
auf deine geheimste Gedanken verlassen
kannst; die sowol deine Freundinn als dei=
ne Ehefrau seye; und diß ist in der That
im Begriffe einer Ehefrau eingeschlossen;
denn, die, die eine solche Freundinn nicht
ist, und nicht seyn kann, ist nur eine halbe
Ehegattinn.

94. Geschlechter machen keinen Un=
terschied: denn Seelen haben kein Ge=
schlecht: und auf Seelen beruhet die
Freundschaft.

95. Der, dem es nur um einen Leib,
nicht um eine Seele, zu thun ist, hat nicht
den besten Theil zu so einer Verwandtschaft
erwählt: und wird folglich auch das edel=
ste Vergnügen des Ehestandes entbehren
müßen.

96. Die

96. Die Vergnügung unsrer Sinnen ist niedrig, kurz und flüchtig: die Seele hingegen gewährt ein erhabeneres und größeres Vergnügen: und ist einer Glückseligkeit fähig, die auf Vernunft gegründet, und nicht durch die Umstände, wodurch Körper eingeschränkt werden, begränzt ist.

97. Hier sollten wir demnach unser Vergnügen suchen, wo das Feld groß, voller Mannigfaltigkeit, und dauerhaft ist: ein Vergnügen, das Krankheit, Armuth, Unglück, nicht erschüttern können, weil es den abwechselnden Einwirkungen zeitlicher Zufälle nicht ausgesetzt ist.

98. Das Vergnügen derer, die so handeln, bestehet im Wohlthun, und in ihrer Ueberzeugung von einer künftigen Belohnung; darinn, daß sie von denen, die sie am innigsten lieben, am innigsten wieder geliebt werden; daß sie die Freiheit ihrer Seelen höher schäzen und genießen, als die Freiheit ihres Leibes; da ihre Aussicht sich über die ganze Schöpfung erstreckt: und daß sie die edelste und bewundernswürdigste

digste Werke und Wege GOttes, die Ge=
schichten des Alterthums, und in ihnen die
Thaten und Beyspiele der Tugendhaften,
und endlich, daß sie sich selber, ihre An=
gelegenheiten, ihre Familien zu Gegenstän=
den haben, woran sie ihre Geister und Ge=
müther und ihre Freundschaft üben können.

99. Nichts kann völliger und weniger
zurückhaltend; nichts eifriger, zärtlicher,
redlicher; nichts vergnügter und beständi=
ger seyn, als so ein Ehepaar; auch giebts
kein größeres zeitliches Glück, als das,
eins von ihnen zu seyn.

100. Zwischen Mann und Frau sollte
nichts herrschen als Liebe. Autorität ge=
hört für Kinder und Dienstboten, und auch
für diese nicht ohne Sanftmuth.

101. Wie blos Liebe sie zusammen
bringen sollte, so ist sie auch das beste Mit=
tel, sie gut vereinigt zu erhalten.

102. Behandle also die nicht wie eine
Magd, die du vielleicht gerne mit einem
sieben=

ſiebenjährigen Dienſte würdeſt erworben haben.

103. Mann und Frau, die einander hochſchäzen und lieben, gehen ihren Kin= dern und Dienſtboten mit einem wirkſa= men Beyſpiele vor, das nämliche zu thun. Andere büßen durch ihre wechſelſeitige Ver= achtung gegen einander, augenſcheinlich ihr Anſehen in ihren Familien ein, und lehren ihre Kinder durch ihr eigenes Beyſpiel, Un= gezogenheit.

104. Ein allgemeiner Fehler iſts, daß man nicht ſorgfältiger das Naturge= fühl in Kindern zu erhalten ſucht, die im zweyten Gliede kaum noch ihre Anver= wandtſchaft fühlen: ein kränkender Ge= danke für zärtliche Aeltern!

105. Oeftere Beſuche, Geſchenke, vertrauter Umgang, und Zwiſchen=Hey= rathen innerhalb erlaubter Grade, ſind Mittel, jenen Antheil und jene zärtliche Freundſchaft, ſo die Natur von Blutsver= wandten fordert, aufrecht zu erhalten.

Freund=

Freundſchaft.

106. Das nächſte Vergnügen, das wir hoffen können, iſt Freundſchaft; und wenn wir ſie nicht daheim finden, oder keine Heymat haben, worinn wir ſie finden könnten, dürfen wir ſie auswärts ſuchen: Sie iſt eine Vereinigung von Seelen, eine Heyrath von Herzen, und ihr Band iſt die Tugend.

107. Ohne Freiheit kanns keine Freundſchaft geben. Die Freundſchaft liebt eine freye Luft, und will ſich nicht in enge und ſteife Schranken einkerkern laſſen. Sie will frey ſprechen und handeln; und nichts übel nehmen, wo nichts übel gemeynt iſt; und auch, wo etwas übel gemeynt iſt, wird ſie's auf eine kleine Entſchuldignng oder Abbitte, leicht verzeihen.

108. Freunde ſind den Seelen nach, ächte Zwillinge: ſie ſympathiſiren in allem, und haben einerley Zu = und Abneigung, Liebe und Haß.

109. Einer iſt ohne den andern nicht

glück=

glücklich; auch kann keiner unter ihnen für
sich allein unglücklich seyn. Gleich als ob
ihre Leiber einander ablösen könnten, lösen
sie einander, sowol in Schmerzen als im
Vergnügen ab, und stehen einander in ih=
ren widerwärtigsten Umständen bey.

110. Was der eine hat, kann dem
andern nicht mangeln. Gleich den Ersten
Christen haben sie alles in Gemeinschaft,
und kein Eigenthum, als einander selber.

Eigenschaften eines Freundes.

111. Ein wahrer Freund spricht of=
fenherzig, rathet recht, hilft gern., wagt
kühn, trägt alles gedultig; vertheidigt mu=
thig, und bleibt in seiner Freundschaft un=
wandelbar.

112. Diß sind die Eigenschaften ei=
nes Freundes; und diese müßen wir fin=
den, ehe wir einen wählen.

113. Habsüchtige, Zornige, Stolze,
Eifersüchtige, Geschwäzige, können also
nur schlechte und falsche Freunde abgeben.

C 3   114.

114. Kurz, wähle einen Freund, wie du eine Ehefrau wählst, auf Zeitlebens.

115. Aber gehe mit deiner Freund=schaft nicht über den Altar hinaus: son=dern laß die Tugend deine Freundschaft begränzen: sonst ists keine Freundschaft, sondern eine böse Verbindung.

116. Will mein Bruder oder Anver=wandter mein Freund seyn, so muß ich ihn einem Fremden vorziehen; sonst äußere ich wenige kindliche Pflicht oder Liebe gegen meine Aeltern.

117. Und so, wie wir unsre Anver=wandten in Ansehung der Zärtlichkeit und Freundschaft vorziehen sollten, so sollten wir sie Fremden auch in Ansehung der Mildthätigkeit vorziehen, wenn sie dieselbe eben so wohl bedürfen und verdienen.

Vorsichtigkeit und Betragen.

118. Mache nicht leicht Bekannt=schaft; damit du nicht, im Falle du Ursa=che fändest, kaltsinniger zu werden, an

deinem

deinem Bekannten statt eines guten Nach=
bars, einen Feind, bekommest.

119. Sey behutsam, aber nicht sauer;
ernsthaft, aber nicht steif; muthig, aber
nicht tollkühn; demüthig, aber nicht skla=
visch und niederträchtig; gedultig, nicht
unempfindlich; munter, nicht leichtsinnig;
eher angenehm als familiär; eher familiär
als innig vertraulich; und so vertraulich
nur gegen sehr wenige, und zwar nach der
sorgfältigsten Prüfung und Wahl.

120. Erwiedere die dir erwiesene Höf=
lichkeiten, und sey allezeit dankbar für ge=
nossene Gunstbezeugungen.

Entschädigung.

121. Hast du irgend jemand Unrecht
gethan, so bekenne es, und suche nicht es
zu rechtfertigen. Durchs Geständniß er=
langst du Vergebung: durch den Versuch,
ein Unrecht zu vertheidigen, verdoppelst du
nur das Unrecht und die Rechnung.

122. Einige glauben, Ehrenthalben
E 4   nicht

nicht nachgeben zu dürfen. Aber was man nicht mit Ehren thun kann, das kann man auch nicht mit Ehren vertheidigen.

123. Etwas, das kein Fehler ist, als einen Fehler, aus Furcht, anerkennen, ist in der That etwas niederträchtiges: aber etwas vichisches ists auch, sich nicht zu scheuen, in einem Fehler oder Unrecht zu beharren.

124. Wir sollten eilfertiger seyn unsrem Nächsten Genugthuung zu geben, als wir sind, ihm Unrecht zu thun: und, weit entfernt rachsüchtig zu seyn, sollten wir ihm selber die Forderung seiner Genugthuung anheim stellen.

125. Ein wahrhaftig rechtschaffener Ehrenmann wird lieber einen Schaden dreyfach vergüten, als ein Unrecht durch ein anderes Unrecht, rechtfertigen wollen.

126. Bey dergleichen Streitigkeiten pflegen gewiße Leute nur allzugerne zu sagen: "Beyde haben Unrecht," um ihre eigene Gleichgültigkeit, die eine niederträchtige

tige Neutralität ist, zu entschuldigen. Andere schreyen: "einer ist so gut als der andere:" sie sezen also den Beleidigten und
Beleidiger in eine Klasse, um den der Unrecht hat, zu schonen, oder ihre eigene Ungerechtigkeit gegen den Beleidigten zu bemänteln.

127. Furcht und Gewinnsucht sind
große Verderber des Menschen=Geschlechts:
und wo irgend eine von diesen beyden Leidenschaften herrscht, da wird das Urtheil
verkehrt und das Recht gebeugt.

Regeln für den Umgang.

128. Meide Gesellschaft, wo sie nicht
nützlich oder nothwendig ist: und in diesen
Gelegenheiten, sprich wenig, und zuletzt.

129. Wo Sprechen thöricht ist, da
ist Stillschweigen weise, und allezeit das
sicherste.

130. Einige sind so thöricht, daß sie
die Redenden unterbrechen oder ihnen vorgreifen, an statt sie anzuhören, und zu

den

denken, ehe sie sprechen: welches zugleich grob und einfältig ist.

131. Denkst du zweymale ehe du Einmal sprichst, so wirst du eben darum desto besser sprechen.

132. Besser ists gar nichts, als nichts schickliches zu sagen. Und um vernünftig und gescheid zu sprechen, überlege, was, und wenn sichs schickt, zu reden.

133. Bey allen Streitsachen lasse die Wahrheit dein einziges Augenmerk seyn; strebe nicht nach Sieg oder einem ungerechten Vortheil: und bemühe dich vielmehr, deinen Gegner zu gewinnen, als seine Blöse aufzudecken.

134. Gib bey Disputen andern keine blöse Seite: vernachläsige aber auch keine, die andere dir geben. Diß ist ein Vortheil den Kaltblütigkeit gewährt.

135. Gewöhne dich nicht, wider deine eigene Ueberzeugung zu disputiren, blos um deinen Witz zu zeigen: es möchte dich sonst geneigt machen, gegen Recht zu gleichgültig

gültig zu werden: disputire auch nicht ge=
gen einen andern, blos um ihn zu neiden
und zu schrauben; oder blos, um deine Ge=
schicklichkeit zu zeigen; denn lehren oder
lernen, sollte der Endzweck aller Unterre=
dungen seyn.

136. Die Menschen sind nur allzu=
geneigt, sich mehr um ihren eigenen Cre=
dit, als um die gerechte Sache, zu be=
kümmern.

Beredsamkeit.

137. Die Redekunst hat etwas wah=
res und schönes: wird aber öfter gemis=
braucht als gebraucht.

138. Zierlichkeit ist ein gutes und
wohlanständiges Ansehen, das einem Stof=
fe durch unverblümte oder verblümte Re=
den gegeben wird. Wo die Worte den Sa=
chen angemessen, und die Anspielungen
ganz natürlich und ungezwungen sind, da
hat die Rede gewiß eine rührende Grazie.
Doch ist Zierlichkeit zu künstlich für Ein=
falt, und oft auch, für die Wahrheit.

Dabey

Dabey ist zu besorgen, daß sie Schwache täuschen möchte, die in dergleichen Fällen die Magd für die Frau, wo nicht gar, Irrthum für Wahrheit, ansehen könnten.

139. So viel ist gewiß; die Wahrheit hat der Redekunst am wenigsten zu danken, weil sie ihrer am wenigsten bedarf, und sich ihrer am wenigsten bedient.

140. Aber eine tadelnswürdige Heikelkeit ists, einfach eingekleidete Wahrheit zu verachten.

141. Dergleichen Weichlinge haben nur einen falschen Appetit; wie jene Schlemmer, die, wenn sie keinen Appetit haben, sich durch Saucen reizen, und ihrem Gaumen, nicht ihrer Gesundheit, zu lieb essen: welches eine große Eitelkeit, so wie große Eitelkeit ohne einige Sünde, nicht seyn kann.

Kaltblütigkeit.

142. Nichts erweißt der Vernunft mehr Gerechtigkeit, als die Kaltblütigkeit derer,

derer, die sie vortragen. Denn die Vernunft leidet oft mehr Schaden von der Hitze ihrer Vertheidiger, als von den Scheingründen ihrer Widersacher.

143. Eifer folgt immer einem Anscheine von Wahrheit; und zuversichtliche Leute pflegen sich nur gar zu leicht zu erhitzen. Aber eben diß ist ihre schwache Seite beym Disputiren. Und es ist besser, wider Sünde, als wider Menschen oder ihre Irrthümer, zu eifern.

Wahrheit.

144. Wo du schlechterdings sprechen mußt, da sprich schlechterdings die schlichte Wahrheit: denn zweydeutige Umschweife sind der halbe Weg zum Lügen; so wie Lügen der ganze und gerade Weg zur Hölle.

Gerechtigkeit.

145. Glaube nichts wider einen andern, es müßte denn auf zuverläßige Gründe seyn: und breite auch das nicht weiter aus, was einem andern schaden kann, es
müßte

müßte denn für andere noch schädlicher seyn, es zu verschweigen.

Verschwiegenheit.

146. Kein Geheimniß zu suchen, ist klug; und keines zu verrathen, ist ehrlich, gehandelt.

147. Traue nur allein dir selber; so kann kein anderer an dir zum Verräther werden.

148. Offenherzigkeit ist so schädlich, obgleich nicht so boshaft, als Verrätherey.

Nachgebende Gefälligkeit.

149. Stimme niemals andern bey, blos um ihnen zu gefallen. Denn das ist nicht nur eine Schmeicheley, sondern oft auch eine Unwahrheit; und verräth ein Gemüth, das leicht sklavisch und niederträchtig wird. Aber widersprich auch nicht, blos um andere zu necken; denn das verräth eine böse Gemüthsart, und ärgert, ohne jemand zu nutzen.

Entschul=

Entſchuldigungen.

150. Wirf deine eigene Schuld nicht auf andere; denn diß iſt weder edelmüthig noch gerecht: ſondern nimm allemale deine Zuflucht zur Aufrichtigkeit und Freymü= thigkeit lieber, als zu Liſt und Falſchheit: denn Liſt gränzt ſehr nahe an Betrügerey.

151. Die Weisheit bedarf und be= dient ſich ihrer nie. Die Liſt iſt gegen die Weisheit, was der Affe gegen den Men= ſchen iſt.

Eigennuß.

152. Der Eigennuß iſt eben ſo ſicher obgleich nicht eben ſo tugendhaft als ein Grundſatz. Nach dem itzigen Weltlaufe, iſts die ſicherſte Seite; (die Menſchen bey ihrem Eigennußen zu faſſen:) denn ſie verlaſſen täglich ihre Freunde und ihre Re= ligion, um ihrem Eigennuß anzuhangen.

153. Ein ſeltſamer aber zu bekann= ter Anblick iſts, daß Familien und Völker von widerwärtigen Religionen und Launen

ſich

sich wider Familien und Völker von ihrer eigenen Religion und Laune vereinigen, wenn sie nur ihren Vortheil dabey finden.

154. Unsre Sinnen fesseln uns an diese Welt: und wo von dieser Welt die Rede ist, da fragen Weltleute nicht mehr, ob sie ihrem Eigennutzen nicht alle andere Betrachtungen aufopfern sollen.

Prüfung.

155. Hüte dich für pöbelhaften Irrthümern und Vorurtheilen: gründe dein Gefallen und Mißfallen auf Vernunft.

156. Prüfung ist menschlich: blinder Gehorsam ist thierisch. Die Wahrheit verliert nie bey jener; sie leidet aber oft durch diesen.

157. Die nützlichsten Wahrheiten sind die auffallendste und deutlichste: und so lange wir uns an diese halten, können unsre Zwistigkeiten nicht viel bedeuten.

158. Bey Nachforschungen kann ein gewißer Muthwill, so wie bey blindem Zutrauen,

trauen, eine Dummheit, einschleichen. Eine große Weisheit ists, sich für beyden Ausschweifungen zu hüten.

Wahl der rechten Zeit.

159. Thue nichts auf eine unschick* liche Art. Es gibt Leute die witzig, gütig, kaltsinnig, zornig, nachgebend, hartnäckig, eifersüchtig, unachtsam, behutsam, zuver* sichtlich, zurückhaltend, oder offenherzig sind, aber alles am unrechten Orte.

160. Ein Unglück ists, sich, in ei* ner wichtigen Sache zu irren.

161. Es ist nicht genug, daß etwas recht ist, wenns nicht auch schicklich ist. Ists nicht klug, obgleich gerecht, so ists auch nicht rathsam. Wer durch einen Er* werb einbüßt, hätte lieber verlieren, als erwerben sollen.

Kenntniß.

162. Kenntniß ist der Schatz, aber Verstand der Schatzmeister, des Weisen.

163. Wer mehr Kenntniße als Beurtheilungskraft hat, der nutzt einem andern mehr als sich selbst.

164. Das kann keine gute Constitution seyn, wo der Appetit stark, und das Verdauungs = Vermögen schwach, ist.

165. Es giebt Leute wie Wörterbücher, die man bey Gelegenheit nachsehen muß, die aber keinen Zusammenhang haben, und nicht sehr unterhaltend sind.

166. Wenigere Kenntniß als Beurtheilungskraft wird immer den Vorzug vor dem Manne von vieler Kenntniß und weniger Beurtheilungskraft behaupten.

167. Ein Weiser macht das, was er lernt, sich eigen. Ein anderer verräths, daß er eine bloße Copie, oder höchstens, eine Sammlung, ist.

Witz.

168. Witz ist eine glückliche und auffallende Art einen Gedanken auszudrücken.

169. So lebhaft und schimmernd er

aber

aber auch ſeyn mag, ſo iſt er doch ziemlich ſelten mit ſtarker Kraft vereint.

170. Witz taugt daher beſſer zum Zeitvertreib als zu Geſchäften; und gefällt der Einbildungskraft beſſer als der Beurtheilungskraft.

171. Weniger Beurtheilungskraft als Witz, iſt, mehr Segel als Ballaſt.

172. Doch muß man geſtehen, daß Witz dem Verſtande eine gewiße Schärfe oder Schneide giebt, und ihn ungemein empfiehlt.

173. Verſtand mit Witz ausgedrückt: giebt den beſten Redner.

Gehorſam gegen Aeltern.

174. Verlangſt du einſt als Vater, Gehorſam, ſo leiſte ihn itzt als Sohn.

175. Deine Aeltern ſind deine Eigner, und haben ein natürliches Recht auf dich.

176. Nächſt GOtt, deine Aeltern; nächſt ihnen, die Obrigkeit.

177. Erinnere dich, daß du deinen Aeltern nicht nur dein Leben, sondern auch ihre Liebe und Vorsorge zu danken hast.

178. Darum ward durch GOttes Gesetz, die Todesstrafe auf Rebellion der Kinder, gesetzt; und Empörung des Volks zur nächsten Sünde nach der Abgötterey gemacht; der Abgötterey, die GOtt, dem großen Vater der Welt, den Gehorsam verweigert.

179. Gehorsam gegen Aeltern ist nicht nur unsre Pflicht, sondern auch unser Vortheil. Erhielten wir unser Leben durch sie, so verlängern wir es durch Gehorsam gegen sie: denn Gehorsam ist das Erste Gebot, das Verheisung hat.

180. Die Verpflichtung ist eben so unauflöslich, als die Anverwandtschaft.

181. Wann wir gegen GOtt nicht ungehorsam seyn dürfen um unsern Aeltern zu gehorchen; so müßen wir ihnen wenigstens zeigen, daß unsere Weigerung blos daher rührt: denn einige ungerechte

Befeh=

Befehle können die allgemeine und gänzli=
che Vernachläfigung unsrer Pflicht nicht
entschuldigen. Sie werden noch immer
unfre Aeltern, und wir müffen immer noch
ihre Kinder, feyn: und dürfen wir, ihnen
zu Lieb nicht wider GOttes Gebot han=
deln; fo dürfen wir auch uns felber, oder
irgend einem andern zu Gefallen, nicht
wider unfrer Aeltern Befehl handeln.

Nachficht.

182. Ein Mann von Gefchäften,
muß manche Beleidigung überfehen, wenn
ihm feine eigene Ruhe lieb ift.

183. Wenn wir ruhig feyn wollen,
fo dürfen wir uns nicht alles anmerken
laffen, was wir fehen.

184. Eine endlofe Mühe wär's, über
alles zu ftreiten, worüber fichs ftreiten
läßt.

185. Eine rachfüchtige Gemüthsart,
ift eine Laft nicht nur für andere, fondern
auch für die, die fie haben.

D 3   Ver=

Versprechen.

186. Versprich selten; ist aber dein Versprechen erlaubt, so halte es allezeit.

187. Uebereilte Entschlüsse sind eine Art Gelübde; und man sollte sich eben so sehr dafür hüten.

188. ”Das will ich nimmermehr thun,” sagt einer, und thuts doch. ”Das will ich thun, sagt ein anderer; läßt sichs aber, bey näherer Ueberlegung gereuen; oder thuts, · wie wohl ungerne, seines Worts wegen: als ob es nicht eben so unrecht wäre, ein sündliches Versprechen zu halten, als, sein Wort zu brechen.

189. Fessele dich selber nicht, sondern erhalte dich frey, so lang du noch frey bist.

190. Eine Wirkung von Leidenschaft ists, sich durch Entschlüße zu fesseln, die man nicht wohl fassen kann, oder noch übler vollziehen würde; und dieser Wirkung der Leidenschaft beugt die Weisheit vor.

Treue.

Treue.

191. Hüte dich so viel du kannst, dich mit wichtigem Antrauen zu beschweren. Haft du aber eins einmal übernommen, so bestrebe dich äußerst, deine Schuldigkeit zu thun. Denn Unachtsamkeit ist beleidigend, wo nicht gar, ungerecht.

192. Die Ehre eines Dieners, besteht in Treue; und diese findet schwerlich ohne Fleiß, so wenig als ohne Redlichkeit, statt.

193. Treue hat Sklaven ihre Freyheit und Dienstboten die Aufnahme an Kindesstatt erworben.

194. Belohne einen guten Diener wohl: und entlasse einen schlechten lieber, als daß du dir seinetwegen Kummer zuziehest.

Herr.

195. Verbinde Güte mit Ernst, und herrsche mehr durch Verstand als durch Strenge.

196.

196. Fehlt dein Diener, so bestrebe dich lieber, ihn von seinem Irrthum zu überzeugen; als daß du dich über ihn erzürntest: und sieht er seinen Fehler ein, so verzeihe ihm.

197. Erinnere dich, daß er dein Mitknecht ist; und daß GOttes Güte, und nicht dein eigenes Verdienst, den Unterschied zwischen dir und ihm gemacht hat.

198. Laß deine Kinder nicht über deine Dienstboten herrschen: aber leide auch nicht, daß diese deine Kinder gering schäzen.

199. Dulde keine Klätschereyen überhaupt: erfordert aber irgend eine Sache eine genauere Aufmerksamkeit und Prüfung, so höre die Klage aufmerksam an, und hilf dem Beleidigten.

200. Kinder sollten bitten, und nicht befehlen: und Dienstboten sollten gefällig seyn, wo sie nicht gehorchen müssen.

201. In Einer Familie sollten zwar nur Ein Herr und Eine Frau seyn: aber

Dienst-

Dienſtboten ſollten ſich doch erinnern, daß
Kinder Erben ſind.

Dienſtbote.

202. Begünſtige nichts unanſtändi=
ges an den Kindern deines Herrn; ſchlage
ihnen aber auch nichts anſtändiges ab:
denn jenes iſt die größe Untreue; und die=
ſes, zugleich Unbeſonnenheit und Unhöf=
lichkeit.

203. Verrichte deine eigene Arbeit,
redlich und willig: und wenn ſie gethan
iſt, ſo hilf deinem Mitbedienten; damit
er ein andermal dir wieder helfe.

204. Willſt du ein guter Dienſtbote
ſeyn, ſo ſey getreu: und getreu kannſt du
nicht ſeyn, wenn du deinen Herrn betrügſt.

205. Eine Herrſchaft kann durch
Dienſtboten auf vielerley Arten betrogen
werden. Zum Exempel, um Zeit, Sorg=
falt, Arbeit, Geld, Treue.

206. Ein getreuer Dienſtbote hinge=
gen, iſt fleißig, ſorgſam, ehrlich. Er

plan=

plaudert nicht, verräth keine Geheimniße, weigert sich keiner Arbeit, und läßt sich zur Untreue, weder durch Gewinnsucht verleiten, noch durch Furcht bewegen.

207. Ein solcher Dienstbot dient GOtt in dem er seinem Herrn dient; und erhält einen gedoppelten Lohn für seine Arbeit: nämlich, in diesem und im künftigen Leben.

Eifersucht.

208. Sey nicht auf bloße Einbildung, eifersüchtig; denn diß ist thöricht; so wie man weißlich eifersüchtig ist, wenn man Grund dazu hat.

209. Wer zu viel über anderer Leute Betragen krittelt, täuscht sich selber und beleibigt sie.

210. Zu spitzfündig und skrupulös in Geschäften seyn, ist eben so schädlich, als zu zuversichtlich und sicher seyn.

211. In schweren Fällen, ist eine solche Gemüthsart verzagt: und in dringenden, unentschlossen.

212.

212. Erfahrung ist ein sicherer Wegs
weiser; und einen praktischen Kopf haben
ist ein großes Glück in Geschäften.

Nachkommen.

213. Wir wenden zu wenig Sorgfalt
auf unsre Kinder, und bedenken nicht, daß
die Enkel ihnen nacharten werden.

214. Wollen wir die Welt bessern,
so müssen wir uns selber bessern, und uns
fre Kinder lehren zu werden, nicht was
wir selber sind, sondern was sie werden
sollen.

215. Wir pflegen nur gar zu leicht,
ihre Leidenschaften durch das Beyspiel uns
frer eigenen zu erwecken, und zu stimmen;
und lehren sie nur allzuoft, sich nicht an
dem was am besten, sondern an dem was
am angenehmsten ist, zu ergözen.

216. Unsre Pflicht ists, und unser
Bestreben sollte es seyn, sie für eben der=
jenigen Leidenschaft, die ins besondere uns
fre eigene Schwäche und Trübsal aus=
macht,

macht, zu verwahren: Denn wir müßen nicht nur für uns selber, sondern auch großen Theils für unsre Kinder Rechen=schaft geben.

217. Auch hierinn, sind wir wahre Verkehrer der Welt: denn unsre Erste Sorge ist Geld, und unsre lezte und ge=ringste, ist Tugend.

218. Sie ist, nicht wie wir unsre Kinder hinterlassen, sondern was wir ih=nen hinterlassen.

219. Wahrlich, unsrem Betragen nach muß die Tugend nur eine Zugabe, nicht die Hauptsache in ihrem Erbtheil und Charakter seyn: und darum sehen wir an den Reichen so wenig Weisheit oder Tugend, in Proportion ihres Reichthums.

Landleben.

220. Das Landleben verdient den Vorzug: denn auf dem Lande sehen wir die Werke GOttes; in Städten, hinge=gen, fast nichts, als Menschen = Werke:

jene

jene sind aber ein weit besserer Gegenstand für unsere Betrachtung als diese.

221. Wie Puppen gegen Menschen und Kinder sind, so verhält sich Menschenwerk gegen die Werke GOttes: wir sind das Gemälde, Er die Realität.

222. GOttes Werke zeigen seine Allmacht, Weisheit und Güte; des Menschen Werke hingegen, größten Theils seinen Stolz, seine Thorheit und Ausschweifung. Jene sind zum Nuzen, diese aber, vornehmlich, zur Prahlerey, und zum Muthwillen gemacht.

223. Das Land ist zugleich des Weltweisen Garten und Bibliothek, worinn er GOttes Allmacht, Weisheit, und Güte lieset und betrachtet.

224. Es ist sowohl seine Vorrathskammer als sein Studierplatz, und gewährt ihm zugleich Nahrung und Einsicht.

225. Eine holde und natürliche Entfernung von Lärm und Gewäsche; die ihm

Gele=

Gelegenheit und den besten Stoff zum
Nachdenken verschaft.

226. Kurz, das Landleben ist ein
Original = Leben, und seine Kenntniße und
Besserung, des Menschen ältestes Geschäft
und Beruf, und der beste, den er wählen
kann.

Kunst und Projekte.

227. Kunst ist gut, wo sie nützlich
ist. Sokrates schränkte weislich seine Ge=
lehrsamkeit und Lehren auf die Prarin ein.

228. Hüte dich also für Projekten:
doch verachte auch nichts voreilig oder ohn=
geprüft.

229. Erfindsamkeit leidet, wie die
Religion, bisweilen zwischen zween Die=
ben, zwischen Marktschreyern und Ver=
ächtern.

230. Wiewohl unverständige und be=
trügerische Projektenmacher die Kunst oft
verächtlich machen; so sind doch auch die
nützlichsten und ausserordentlichsten Erfin=
dungen, Anfangs dem Spotte der Unwiß

senheit

senheit nicht entgangen; so wie ihre Urhe-
ber selten mit heilem Kopfe oder Rücken
davon gekommen sind.

231. Unternimm keinen spekulativen
Versuch, der in der Praxi nicht gegründet
zu seyn scheint: und auch alsdenn nicht
auf deine eigene Kosten, im Falle seine
Veranstaltung kostbar oder gefährlich ist.

232. So wie viele Hände leichte Arbeit machen; so machen auch viele verbun-
dene Börsen, wohlfeile Experimente.

Fleiß.

233. Fleiß ist gewiß sehr löblich, und
ergänzt den Mangel an Fähigkeit.

234. Gedult und Fleiß, können wie
der Glaube, Berge versezen.

235. Laß niemals nach, so lange
noch Hoffnung da ist: hoffe aber nicht ohne
vernünftige Gründe: denn diß würde mehr
Begierde als Verstand beweisen.

236. Eine nützliche Weisheit ists, zu
wissen, wenn wir genug gethan haben.

Wir

Wir ersparen uns viele Zeit und Mühe, wenn wir uns nicht, den Wahrscheinlichkeiten zum Trotze mit leeren Hoffnungen schmeicheln.

Zeitliche Wohlfahrt.

237. Nuze andern mit dem was du hast, sonst wirds dir selber nichts nuzen.

238. Suche nicht, reich, sondern suche glücklich, zu seyn. Jenes besteht in Säcken, dieses in Zufriedenheit, die Reichthum nie kaufen kann.

239. Wir pflegen nur allzuoft den Dingen falsche Namen zu geben. Wir sehen zeitliche Wohlfahrt für Glückseligkeit, und Trübsal für Elend an: da doch Trübsal die Schule der Weisheit, und oft der Weg zur ewigen Seligkeit; ist.

240. Willst du glücklich seyn, so stimme dein Gemüth nach deinem Stande, und verlange weiter nichts als was nöthig und hinlänglich ist.

241. Mache dir wenig zu schaffen, und

und verrichte es selber; und handle gegen andern, wie du willst daß sie gegen dich handeln sollen; so kann es dir nicht an zeitlicher Glückseligkeit fehlen.

242. Die meisten Menschen werden durch Reichthümer schlimmer und unglücklicher. Der Wollüstling verschwendet der Geizhals verscharret sie; nur der Tugendhafte benutzt sie, und zu gutem Gebrauche: Nur Schade, daß es unter Reichen und Glücklichen so wenig Tugendhafte giebt!

243. Sey lieber freygebig als verschwenderisch.

244. Gieb und besuch keine kostbare Gastmale, sondern laß arbeitsame Arme dich in ihren Hütten segnen.

245. Mangele nie vorsetzlich, was du besitzest; verbrauche es aber auch nicht so, daß du dich in unvermeidlichen Mangel stürzest.

246. Laß dich durchs Glück nicht zu übermäßigen Begierden verleiten: denn

E   viele,

viele, die viel gewonnen, haben wieder
alles dadurch verlohren, daß sie noch mehr
haben wollten.

247. Viel wagen um viel zu gewin=
nen, verräth mehr Geitz als Verstand.

248. Eine große Klugheit ists, sein
Glück einzuschränken und zu benützen.

249. Zu wenige Menschen wissen,
wenn sie genug haben; und noch wenigere,
wissen, es zu gebrauchen.

250. Es ist eben so rathsam, hart
erworbenes Vermögen nicht leichtsinnig zu
verschleudern, als mit leicht erworbenem,
nicht zu sehr zu geitzen.

251. Handle gegen deinen Nächsten
nicht wie ein Raubthier; und mache dir
auch die Unwissenheit, Verschwendung oder
Bedrängniß anderer nicht zu Nutze. Denn
diß gränzt gar zu nahe an Betrügerey, und
verschafft höchstens, einen Gewinn ohne
Segen.

252. Oft ists ein Strafgericht GOt=
tes über habsüchtige Reiche, daß er sie ihre
Begier=

Begierde nach Reichthum bis zur Ausschweifung des Betrugs, des Wuchers und
der Unterdrückung treiben läßt, welches
ihr ganzes Vermögen vergiftet; so daß es
gemeiniglich eben so schnell und durch eben
so schlimme Kanäle wieder aus einander
läuft, als es zusammen gehäuft worden
war.

Ehrerbietung und Höflichkeit.

253. Schäze nie andre noch dich selber, höher, blos um Geldes willen; auch
achte weder dich noch andere geringer, blos
um Armuths wegen. Der ächte Grund zur
Hochachtung ist Tugend; und der ächte
Grund zur Verachtung, ist der Mangel
an Tugend.

254. Einen Menschen muß man wie
eine Uhr, nach seinem guten oder schlechten Gange (Wandel) schäzen.

255. Wer jemand andrer Gründe
wegen verehrt, der bückt sich vor einem
Gözen.

E 2   256.

256. Wenn die Tugend uns nicht leitet, so müssen wir irre gehen.

257. Ein tüchtiger aber lasterhafter Mensch ist ein schlimmes Werkzeug: Hüte dich für ihm wie für der Pest.

258. Laß dich den Ersten Schein der Dinge nicht täuschen; sondern nimm dir Zeit, verständig zu wählen.

259. Schein ist nicht Wesen: und Verständige sehen nur nach Realitäten.

260. Hüte dich also, wo mehr Segel als Ballast ist.

Wagen.

261. Das beste ist allemale, nichts auf Gerathewohl zu wagen. Wo du aber schlechterdings etwas wagen mußt, da sey nicht verwegen, sondern standhaft und gelassen auf jeden Fall gefaßt.

262. Was wir nicht ändern können, sollte uns nicht kümmern: ists aber unsre eigene Schuld, so laßts uns nicht mehr thun.

thun. Besserung ist Buße; wo nicht gar, Vergutung.

263. Wie ein verzweifeltes Spiel einen geschickten Spieler erfordert; so würde eine verständige Ueberlegung oft Dingen vorbeugen, die die größte Geschicklichkeit von der Welt nicht ersetzen oder vergüten kann.

264. Wo der Gewinn nicht wahrscheinlicher ist als der Verlust, da setzt Weisheit nie etwas aufs Spiel.

265. Im Fluge gut zu schleßen, *) ist gut: sich aber vorzüglich darauf legen, verräth mehr Eitelkeit als Verstand.

266. In Gefahren sich geschickt heraus zu wickeln wissen, ist eine Tugend. Aber sich Gefahren auszusetzen, um seine Geschicklichkeit zu zeigen, ist eine Schwachheit.

Verläumdung.

267. Hüte dich für jenem niederträchtigen Laster, der Verläumdung. Sie

E 3 ist

*) Nämlich im verblümten Sinne.

ist die Frucht des Neides; wie der Neid
die Frucht des Stolzes, der unmittelbaren
Geburt des Teufels, ist; der sich aus ei=
nem Engel, einem Lucifer, einem Sohne
des Morgens, in eine Schlange, einen
Teufel, einen Beelzebub, und alles, was
der ewigen Güte verhaßt ist, verwandelte.

268. Tugend ist für dem Neide nicht
sicher. Man lästert, was man nicht
nachahmt.

269. Laß dir misfallen, was dem
Misfallen verdient; aber hasse es nie:
denn Haß hat etwas Bösartiges an sich,
das sich fast immer auf Personen, nicht
auf Dinge, bezieht; und ist eins von den
schwärzesten Lastern, welche die Sünde in
der Seele erzeugt.

Mäßigung.

270. Ein seliger Tag wär's, wenn
Menschen ihren Zorn bändigen und, mit
Liebe gegen ihre Beleidiger, mäßigen
könnten: denn so würde unser Zorn un=
sündlich

fündlich seyn, und den Schuldigen beſſer überzeugen und beſſern, welches allein ihn erlaubt machen kann.

271. Am beſten iſts, ſich nicht zu erzürnen: biſt du aber ja aufgebracht, ſo züchtige nicht eher als wenn die Aufwallung ſich wieder gelegt hat. Denn jeder Streich, den unſre Wuth giebt, prellt doch zuletzt allezeit auf uns ſelber zurück.

272. Beobachteten wir nur, wie viel unſere Vernunft bey kaltblütiger Ueberlegung, entſchuldigt und nachſieht, wenn unſere Entrüſtung ſich gelegt hat; ſo würde es uns nicht an einer Richtſchnur für unſer künftiges Betragen, in ähnlichen Fällen, mangeln.

273. Wir ſind geneigter zu klagen als zu helfen, und zu tadeln, als zu entſchuldigen.

274. Faſt unverzeihlich iſts, daß wir ſo oft tadeln können, was wir doch nie beſſern wollen. Das zeigt, daß wir unſeres

feres HErrn Willen zwar wiffen, ihn
aber nicht thun wollen.

275. Die so andere tadeln, sollten
selber besser handeln; sonst verdienen sie es,
daß man den erften und auch den letzten
Stein auf sie werfe.

Kniffe.

276. Nur Kniffe bedürfen Kniffe:
der Rechtschaffenheit eckelt dafür.

277. Wir müssen uns befleisigen,
die Sachen auf die rechte Art zu thun:
denn auch ein gerechtes Urtheil kann auf
eine ungerechte Art vollzogen werden.

278. Umftände geben viel Licht zu
einem gerechten Urtheil, wenn man sie
reiflich erwägt.

Zorn.

279. Der Zorn ift eine Art Fieber
in der Seele, das uns allezeit schwächer
macht, als es uns fand.

280. Da er aber ein Wechselfieber
ift,

ist; so muß er sicherlich durch gehörige Sorgfalt geheilt werden können.

281. Er raubt uns mehr als irgend sonst etwas, den Gebrauch unseres Verstandes; denn er erregt einen Staub, durch den man sehr schwerlich sehen kann.

282. Gleich dem Weine, dessen Hefen aufs Schütteln aufsteigen, und ihn zum Trinken zu trüb machen.

283. Man kann den Zorn nicht unschicklich einen pöbelmäßigen Aufstand im Menschen heißen, der seine Vernunft überwältigt.

284. Oft habe ich in meinen Gedanken einen leicht zürnenden Menschen mit einer schwachen Feder verglichen, die nicht lange gespannt bleiben kann.

285. Und eben so wahr ists, daß Dinge nicht brauchbar sind, die kleine Stöße nicht ertragen können ohne zu brechen.

286. Wer nicht hören will, kann auch nicht urtheilen; und wer keinen Wi-

der-

derſpruch ertragen kann, der kann mit all ſeinem Verſtande, das Ziel verfehlen.

287. Durch Einwürfe und Zweifel kömmt die Wahrheit heraus: und dazu ſind Mäßigung und Beurtheilungskraft nöthig.

288. Vor allen Dingen aber ſey aufmerkſam auf Zorn, denn da ſchweift die Leidenſchaft am welteſten aus.

289. Verweiſe nie aus Zorn, ſondern zur Beſſerung und zum Unterricht.

290. Wer aus Zorn züchtigt, der flößt eher Rachbegierde als Reue ein.

291. Dieß verräth mehr Muthwillen als Verſtand: und gleicht Leuten, die eher auf ihrem Gaumen, als ihren Hunger zu vergnügen, eſſen.

292. Darinn beſteht eben der Unterſchied zwiſchen einem verſtändigen und einem einfältigen Menſchen. Dieſer urtheilt überhaupt und auf den erſten Anblick: jener nach Betrachtung der Theile und ihres Zuſammenhangs.

293.

293. Die Griechen pflegten zu sagen:
" In allen Fällen sehe man auf ihre Um=
" stände." Die nämliche Sache kann gut
oder schlimm seyn, je nachdem es die Um=
stände mit sich bringen.

294. Die Stärke eines Menschen er=
hellt aus der Last die er tragen kann:
' Bonum agere, & mala pati, regis est.'
Etwas königliches ists, Gutes thun und
Böses ertragen.

Persönliche Klugheits=Regeln.

295. Table ohne Bosheit, aber nie
ohne Noth.

296. Verachte keinen Menschen, und
auch keinen Stand: vielleicht könntest du
selbst darein kommen.

297. Schimpfe und höhne nie. Je=
nes ist grob; dies verächtlich, und beyde
sind übel.

298. Laß keine Beleidigungen dich zu
Ungerechtigkeiten reitzen.

299. Verweise nur Undankbarkeit.

300.

300. Uebereilung liefert Arbeit, welcher Vorsichtigkeit vorbeugt.

301. Reitze und versuche niemand: du möchtest sonst fallen.

302. Hüte dich, daß du dich niemals aufs Wiedergutmachen verlassest, denn wenn dieses mislingt, so ist alles verlohren.

303. Gelegenheiten sollte man nie verliehren, da man sie so schwehrlich wieder bekommen kann.

304. Gut ists, eine Krankheit kuriren, aber noch besser, ihr vorzubeugen. Jenes zeigt mehr Geschicklichkeit, dieß, mehr Klugheit.

305. Wag dich nie, auf deine Geschicklichkeit, in schwehren oder gefährlichen Fällen.

306. Schlage keine Belehrung aus: denn dieß beweißt Stolz oder Dummheit.

307. Demuth und Einsicht in armen Kleidern, sind besser als Stolz und Dummheit in kostbarem Gewande.

308.

308. Betracht und bekämpfe nicht, was du nicht verstehst.

Erwägen.

309. Um das, was uns beschäftigt, sollten wir uns nicht mehr bekümmern, als es werth ist: und in Behauptung desjenigen was uns vernünftig dünkt, nie bis zur Unvernunft ereifern.

310. Ein zu gemeiner Irrthum ist's, die Ordnung der Dinge verkehren, und Mittel zu Endzwecken, und Endzwecke zu Mitteln machen.

311. In diesem unseligen Irrthum bleiben Religion und Staatskunst nicht befreyt. Jene wird oft zu einem Mittel statt einem Endzwecke, diese oft zu einem Endzwecke statt einem Mittel, gemacht.

312. So bemühen sich Menschen mehr um Reichthum als um Nahrung: und der eigentliche Endzweck der Kleider ist der geringste Beweggrund warum man sie trägt. Auch ist's uns mehr um das

Vergnü-

Vergnügen unſers Gaumen, als um
Stillung des Hungers, beym Eſſen, zu
thun. Eben dieß kann man auch vom
Bauen, von Möbeln, ꝛc. ſagen, wenn
der Menſch das Thier nicht regiert, und
die Lüſte ſich der Vernunft nicht unter⸗
werfen.

313. Sehr weiſe iſts, unſere Ach⸗
tung der Natur der Dinge zu proportioni⸗
ren. Denn wie wir auf dieſe Art Dinge
nicht zu geringe ſchäzen, ſo werden ſie
auch uns nicht mehr rühren, als ſie ei⸗
gentlich verdienen.

314. Laſſen wir uns durch Kleinig⸗
keiten ſtark feſſeln, ſo werden wir uns
eben ſo ſehr um ſie beeifern als ob ſie un⸗
ſer höchſtes Beſtreben verdienten.

315. Ein altes Sprüchwort iſts:
"Maxima bella ex leviſſimis cauſis."
Die größten Streitigkeiten entſtehen aus
den unbedeutendſten Urſachen.

316. Darauf kömmts nicht an, wor⸗
über man ſtreite, ſondern darauf, welchen
Rang

Rang wir der streitigen Sache in unsern Gemüthern einräumen. Denn da nach richten sich unser Eifer und unsre Leidenschaft.

317. Einer von den fataleſten Irrthümern in unſerem Leben iſts, wenn wir eine gute Sache durch eine ſchlechte Behandlung verderben: und es iſt gar nicht unmöglich, bey einem ſchlimmen Geſchäfte eine gute Abſicht ſich vorzuſetzen; dadurch wird es aber gar nicht gerechtfertigt.

318. Sind wir verſichert, daß die Abſicht gut iſt, ſo ſind wir nur allzugeneigt über alle Schranken weg zu rennen, um ſie zu erreichen: und erwägen nicht, daß man auch rechtmäſige Endzwecke auf eine ſehr unrechtmäſige Art erreichen kann.

319. Laßt uns Sorge tragen, daß wir zur Erreichung rechtmäſiger Abſichten auch gerechte Mittel ergreiffen; damit ſie uns einen dauerhaften Vortheil gewähren.

320. Gewiße Leute haben die ſehr beſchwehrlich eigenſinnige Laune, daß ſie,

wo

wo sie nicht führen dürfen auch nicht folgen wollen; sondern lieber wollten, daß
etwas, wenn es auch an sich sehr wün-
schenswerth wäre, gar nicht geschähe, als
daß es nicht nach ihrem eigenen Gutdün-
ken geschähe.

321. Dieß rührt von einer gar zu
hohen Einbildung auf uns selbst, her:
und beweißt, daß es uns mehr um Lob
als um das Gelingen einer unsres Erachtens guten Unternehmung zu thun ist.

Popularität.

322. Strebe nicht in die Augen zu
glänzen, so wird man auf deine Schwäche
desto weniger sehen.

323. Wer mehr zeigt, als er ist, oder
hat, erregt eine Erwartung, die er nicht
befriedigen kann, und büßt somit sein An-
sehn ein, so bald man ihn kennt.

324. Meide die Popularität. Sie
hat viele Fallstricke, und keinen wahren
Nutzen für dich: und andere verleitet sie
zu Irrthümern.

Ein-

Eingezogenheit.

325. Denke an das Sprüchwort, 'Bene qui latuit, bene vixit': Wohl dem der eingezogen lebt.

326. Ist dieses wahr, so sind Fürsten und Hohe, unter allen Menschen die Unglücklichsten: Denn sie leben am wenigsten eingezogen: und diejenigen, die jedermann genießen muß, können ihres eigenen Lebens am wenigsten genießen.

327. Dieß ist ein Vorzug, den geringe Leute vor ihnen haben; sie können ein stilles Privat-Leben führen, und mit Muße ihrer häuslichen Vergnügungen genießen, der größten zeitlichen Vergnügungen, die ein Mensch genießen kann.

328. Allein, Leute, die ihr Vergnügen in Hoheit setzen, suchen es dort: und, wie wir sehen, streben gewiße Charaktere eben so eifrig nach Herrschaft, als andere, nach stiller Eingezogenheit.

F   Regie

Regierungsarten.

329. Regierungsarten haben man=
cherley Gestalten: in allen aber giebt es
Oberherrschaft, obgleich nicht in allen,
Freiheit.

330. Ein König und ein Tyrann,
sind sehr verschiedene Charaktere: Jener
regiert sein Volk nach Gesetzen, worinn es
willigt; dieser nach seinem unumschränk=
ten Willen und Gewalt: Jene Regie=
rungsart heißt man frey: diese, tyran=
nisch.

331. Jene läuft Gefahr von Seiten
der Herrschsucht des Volks, die die Staats=
verfassung erschüttert; diese, von Seiten
einer schlechten Staatsverwaltung, da=
durch der Tyrann und seine Familie in
Gefahr geräth.

332. Sehr weißlich handeln Fürsten
beyder Art, wenn sie ihr Volk nicht zu
weit treiben: denn das Volk mag durch
die Staatsverfassung berechtigt seyn oder
nicht,

nicht, sich ihnen zu widersetzen, so wirds doch gewiß versuchen, wenn man die Sachen zu weit treibt: wiewohl das Arzneymittel oft schlimmer ausfällt als die Krankheit war.

333. Wohl dem König, der durch Gerechtigkeit groß, und dem Volke das durch Gehorsam frey, ist.

334. Wenn der Herscher gerecht ist, so darf er strenge seyn: sonst schadet er sich selber durch Strenge; und wenn er auch das Volk überwältigt, so gewinnt er doch nichts da wo sein Volk einbüßt.

335. Fürsten müssen keine Leidenschaft, in ihrer Regierung äußern, und auch nicht weiter ahnden als so weit Staatskunst und Religion es erfordern.

336. Wo Authorität und Beyspiel einander begleiten, da geschieht es selten, daß man der Macht nicht gehorchte oder die Regierung nicht ehrete.

337. Man lasse das Volk denken, es regiere; so wird sichs regieren lassen.

F 2   338.

338. Und diß kann nicht fehlschlagen, wenn man die Macht Männern anvertraut, in die das Volk sein Vertrauen setzt.

339. Der Fürst, der gegen das Volk in Haupt=Sachen gerecht, und in Kleinigkeiten verbindlich und gefällig ist, wird sich seine Liebe und Treue gegen die ganze Welt, erwerben und sichern.

340. Denn das Volk ist die Politische Ehegattinn des Fürsten, die sich weit besser durch Klugheit als durch Gewalt, regieren läßt.

341. Wo aber der Regent parthelisch, und auf schlimme oder schlechte Absichten bedacht ist, da büßt er sein Ansehen beym Volke ein, und giebt dem Pöbel Gelegenheit, seine Herschsucht zu vergnügen; und legt also seinem Volke einen Stein des Anstoßes in den Weg.

342. Wahr ists, wo ein Unterthan populärer ist, als der Fürst, da läuft der Fürst Gefahr: es ist aber auch eben so wahr,

wahr, daß 'er sich selber zu danken hat:
denn niemand hat eben so große und viele
Mittel, und Beweggründe sich die Liebe
des Volks zu erwerben und zu sichern als
der Fürst.

343. Etwas unbegreifliches ists, wie
gewiße Fürsten lieber gefürchtet als geliebt
seyn wollen; *) da sie doch sehen, daß
Furcht einen Fürsten nicht öfter gegen das
Misvergnügen seines Volks sichert, als
Popularität einen Unterthan für einen sol=
chen Fürsten zu mächtig macht.

344. Sicherlich wird ein herzlicher
Dienst weit mehr ausrichten, als ein er=
zwungener Gehorsam.

345. Dieß sahen die Römer sehr
wohl ein, wenn sie ihren höchsten Gott und
größten Herscher zuerst, Optimus, und
hernach erst, Maximus betitelten.

346. Ausserdem lehrt das die Erfah=
rung, daß Güte einen edlern Eifer in der
Seele entzündet, und ein stärkeres Gefühl
von Pflicht einflößt, als Strenge.

F 3

347.

*) Oderint dum metuant.

347. Was gewann Pharaoh, damit, daß er die Arbeiten der Israeliten verdoppelte? Am Ende seinen eigenen Untergang!

348. Könige sollten vorzüglich hierinn GOtt nachahmen: ihre Gnade sollte über alle ihre Werke gehen.

349. Der Unterschied zwischen dem Fürsten und dem Bauren geht nur dieses Leben an: wer aber hier den Vorzug hat, sollte ihn mit Mäßigung benuzen, weil er im andern Leben dafür Rechenschaft geben muß.

350. Die Mittel sollten sich immer nach dem Endzweck eines jeden Dinges richten. Nun aber ist der Endzweck einer Regierung die Wohlfahrt des ganzen Staats, und folglich sollte die Absicht des Fürsten auf nichts geringeres gehen.

351. So lange Herscher sich bestreben, gerechte Endzwecke durch gerechte Mittel zu erreichen; so lange können sie einer sichern und leichten Regierung versichert

ſichert ſeyn: aber eben ſo ſicher müſſen ſie
Erſchütterungen erwarten, wo die Natur
der Dinge verletzt und ihre Ordnung verkehrt wird.

352. Gewiß iſts, Fürſten ſollte man
viele Regierungsfehler überſehen, weil ſie
durch andrer Leute Augen ſehen, und mit
fremden Ohren hören müſſen. Aber
Staatsminiſter, ihre nächſten Vertraute
und Werkzeuge haben vieles zu verantworten, wenn ſie, um Privat-Leidenſchaften
zu vergnügen, den Fürſten zu Ungerechtigkeiten verleiten.

353. Staatsminiſter ſollten ihre Po-
ſten auf ihre eigene Verantwortung über-
nehmen. Zwingen Fürſten ſie, nachzugeben, ſo ſollten Miniſter ſich aufs Geſetz
berufen, und ihre Aemter ehrerbietig nie-
derlegen. Laſſen ſich aber Miniſter durch
Furcht, Habſucht, oder Schmeicheley verführen, ſo ſollten ſie den Geſezen dafür
Rechenſchaft geben.

354. Der Fürſt kann nicht ſicher ſeyn,
wo

wo der Minister nicht gestraft werden kann. Denn das Volk wird eben so wenig als der Fürst, Imperium in imperio dulden wollen.

355. Sind Minister einfältige oder schlechte Leute, die ihre Aemter mißbrauchen und verderben; so ists des Fürsten Schuld, der sie erwählte: lassen sich aber Minister durch ihre Posten verführen; so ists ihre eigene Schuld, daß sie sich dadurch verschlimmern lassen.

356. Es ist nicht mehr als billig, daß diejenigen, die ihre Macht ihrem Fürsten zu danken haben, auch für ihre Fürsten leiden sollen: denn eine sichere und nothwendige Staatsmaxime ists, die Häupter der Regierung (Fürsten) nicht zu stürzen, so lange die Hände (Minister) die für sie Rechenschaft geben müssen noch vorhanden sind.

357. Und doch wärs etwas unerträgliches nur den Posten eines Staatsministers, wenn ein jeder zugleich sein Ankläger und Richter seyn dürfte.

358.

358. Ein falscher Ankläger sollte daher eben so exemplarisch bestraft werden, als ein schuldiger Minister.

359. Denn es ist eine Entweihung der Regierung, wenn das Ansehen ihrer vornehmsten Häupter der, oft ungegründeten, Censur des Pöbels unterworfen ist.

360. Die Sicherheit eines Fürsten beruht demnach auf einem wohlgewählten Staatsrathe: und nur denjenigen kann man wohlgewählt heißen, dessen Mitglieder die nöthigen Eigenschaften und Fähigkeiten zu den darinn vorkommenden Geschäften besizen.

361. Wer wollte wohl einen Schneider holen lassen, ein Schloß zu machen; oder einen Schlosser, ein Kleid zu machen?

362. Ueber die Handlung sezt man also Kaufleute; über die Admiralität Seeleute; über auswärtige Staatsgeschäfte, gereißte Standspersonen, über die einheimischen, Männer von Gewicht und Ansehen aus dem Lande, und über die Justiz-

Pflege,

Pflege, Rechtsgelehrte, die sich allezeit ge-
nau an die Vorschriften der Geseze halten
sollten.

363. Drey Dinge tragen viel zum
Verderben einer Regierung bey: Nachlä-
ßigkeit, Unterdrückung, und Neid.

364. Wo man dem Volke den Zügel
zu sehr schießen läßt, werden seine Sitten
verderbt: und daburch die Gewerbsamkeit
zerstöhrt, Weichlichkeit erzeugt, und der
Himmel zur Strafe gereitzt.

365. Unterdrückung macht ein Land
arm, und ein Volk besperat; und alsdenn
lauret es immer auf eine Gelegenheit, sein
Joch abzuschütteln.

366. 'Wer über Menschen herscht,
soll gerecht seyn: und in der Furcht GOttes herschen,' sagt ein alter und weiser
König.

367. Neid zerrüttet und verwirrt die
Regierung, hemmt ihre Räber, und macht
die Staatsverwaltung verlegen: und nichts
befördert diese Unordnung so sehr als eine

par-

partheyifche Austheilung der Belohnungen
und Strafen von Seiten des Fürften.

368. Wie es unbillig wäre, Män=
nern Aemter aufzubringen, fo follte es auch
denen, welche Aemter und Poften wirklich
bekleiden, nicht erlaubt werden, fie aus
blofer Laune oder Muthwillen niederzu=
legen.

369. Wo der Staat einen Mann
nicht beleidigt, da follte er auch den Staat
nicht beleidigen.

Privat=Leben.

370. Das Privat=Leben verdient den
Vorzug. Die Ehre und Einkünfte öffent=
licher Aemter kommen an Werth dem Ver=
gnügen des Privat=Lebens bey weitem nicht
bey. Diefes ift frey und ruhig: jene find
unruhig und fklavifch.

371. Eine erhabene Antwort wärs
die die Sunamitinn gab, "Ich wohne un=
ter meinem Volke."

372. Leute die von ihren eigenen
Mitteln

Mitteln leben, haben nicht nöthig, ist
auch, keine Luft, die Livrée des Staats zu
tragen.

373. Ihr Einkommen hängt nicht
vom Wohlgefallen und der Willkühr eines
andern ab, auch haben sie nicht nöthig,
Jemandem zu gefallen und aufzuwarten.

374. Werden sie nicht befördert, so
können sie auch nicht gestürzt werden: und
wie sie des Fürsten Lächeln nicht kennen,
so fühlen sie auch die ungnädige Blicke der
Hoheit, und die Wirkungen des Neides
nicht.

375. Entbehren sie die Vergnügungen des Hof=Lebens, so entgehen sie auch
seinen Fallstricken.

376. Kurz, Privat=Leute sind so sehr
Herren ihrer selbst, daß sie, nach Bezahlung der allgemeinen Gebühren und Abga-
ben, über all ihr übriges Eigenthum un-
umschränkt schalten können.

Oeffent=

Oeffentliche Aemter.

377. Indeſſen muß und will der Staat bedient werden; und gute Diener des Staats verdienen auch öffentliche Merkmale von Ehren und Belohnungen.

378. Um aber dem Staate wohl zu dienen, muß man nicht nur ſeine Beſoldungen vom Staate ziehen, ſondern auch patriotiſch denken und handeln: ſonſt diente man ſeinen Privat-Abſichten und Leidenſchaften, auf Koſten des Staats.

379. Regierungen können niemals wohl verwaltet werden, wenn nicht diejenigen, denen ſie anvertraut ſind, ihre Amtspflichten getreulich und gewiſſenhaft erfüllen.

Nöthige Eigenschaften.

380. Zu einem guten Staatsmann oder Beamten werden fünf Stücke unentbehrlich erfordert: Fähigkeit, Uneigennützigkeit; Arbeitſamkeit, Gedult, und Unpartheylichkeit.

Fähig=

Fähigkeit.

381. Wer seine Amtsgeschäfte nicht versteht, der muß, so viel anderweitige Einsichten er übrigens auch besizen mag, zu seinem Amte untüchtig seyn, und dem Staat durch seine Untüchtigkeit schaden.

382. Tüchtige Männer sollten aber auch gerecht und ehrlich seyn: sonst kann ihre Fähigkeit der Regierung und dem Staate nur desto mehr schaden.

Uneigennüzigkeit.

383. Habsucht an solchen Männern, verleitet sie, den Staat um Gewinnstes willen zu entehren.

384. Staatsdiener, die sich bestechen lassen oder Geschenke nehmen, sollten darum eben so strenge bestraft werden, als Staatsbetrüger.

385. Man gebe ihnen hinreichende Besoldungen; und lasse sie es sodenn auf ihre Gefahr wagen, etwas mehr zu nehmen.

386.

386. Eine Unehre iſts für ein Re=
gierung, wenn ihre Staatsdiener von Ge=
ſchenken leben ſollen: und etwas infames
iſts für Staatsdiener, den Staat durch
Annahme einer Zweifachen Bezahlung für
Ein Geſchäft, zu entehren.

387. Sich aber für Arbeiten bezah=
len laſſen und ſie doch nicht verrichten, iſt
eine handgreifliche und ſchändliche Be=
drückung.

Arbeitſamkeit und Beſchleunigung.

388. Arbeitſamkeit und Beſchleuni=
gung der Geſchäfte iſt eine gute und große
Eigenſchaft an einem Staatsdiener; wo
ſie aus Liebe zur Pflicht, und nicht aus
Gewinnſucht entſteht. Allein, daraus zie=
hen nur zu viele ihren Privat = Vortheil
und eine Zugabe zu ihrer Beſoldung. Die
Beſoldung nehmen ſie demnach, dafür, daß
ſie ihre Amtsgeſchäfte verrichten, und die
Geſchenke oder Beſtechungen dafür, daß ſie
dieſelbe fördern. Als ob Geſchäfte verrich=
tet

tet werden könnten, ehe sie gefördert wä=
ren: oder als ob die Verrichtung der Ge=
schäfte, von Seiten der Regierung, und
ihre Förderung, von Seiten der Partheyen,
bezahlt werden müßten.

389. Das Fördern oder Beschleuni=
gung ist eben so wohl die Pflicht eines
Staatsdieners, als das Verrichten; und
gereicht dem Staate, dem er dient zu gro=
ßer Ehre.

390. Verzögerungen sind oft schädli=
cher gewesen, als Ungerechtigkeit selber,

391. Zu oft stürzen sie diejenigen,
denen sie ihre Förderung nicht abschlagen
dürfen, durch Verzögerung in Mangel
und Elend.

392. Derjenige, der seinen Proceß
gewinnt, muß selber auf diese Art einbü=
ßen: weil er sein rechtmäßiges Eigenthum
zweymal bezahlen muß: wie Leute die
Ländereyen kaufen, die vorher schon auf
ihren vollen Werth verpfändet sind.

393. Unsre (Englische) Rechte sagen
sehr

sehr wohl: "Das Recht verzögern, ist ungerecht."

394. Verweigerung und Verzögerung der Gerechtigkeit, sind sehr wenig verschieden.

395. Die Pflicht und Weisheit eines guten Staatsdieners ist, etwas sogleich abzuschlagen, oder zu fördern.

Gedult.

396. Gedult ist überall eine Tugend: am herrlichsten aber glänzt sie in Staatsdienern.

397. Einige sind so übermüthig oder eigensinnig, daß sie Klagen, denen sie abhelfen sollten, nicht einmal anhören wollen.

398. Andere so schwach, daß sie unter der Last ihrer Amtspflichten erliegen, wiewohl sie ihre Amtsbesoldungen sehr leicht und fertig einziehen können.

399. Geschäfte die man nicht recht versteht, kann man unmöglich recht ver-

G   richten:

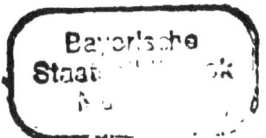

richten: und ohne gedultige Unterſuchnng kann man ſie nicht recht verſtehen.

400. Eine Grauſamkeit iſts in der That, den Unglücklichen dem man helfen ſollte, nicht einmal anzuhören. Aber eine entſetzliche Unterbrückung iſts, dem demü=thigen und beſcheidenen Unglücklichen, wenn er um Hülfe fleht, noch grob und tyranniſch zu begegnen.

401. Wahr iſts, gewiße Leute ſind in ihren Geſuchen und Hoffnungen unver=nünftig: aber auch alsdenn ſollten wir ſie belehren, und nicht ausſchelten und fort=jagen.

402. Es iſt demnach ein ſo großes Merkmal von Weisheit als ein Mann von Geſchäften nur immer geben kann, wenn er bey denen dabey vorfallenden Mühſe=ligkeiten und Beſchwehrlichkeiten gedultig bleibt.

403. Ordnung trägt viel zur Abkür=zung oder Verhütung der Mühe in Ge=ſchäften bey: denn ſie erleichtert die Ar=

beit,

beit, verhütet Verwirrung, erspart sehr
viele Zeit, und zeigt denenjenigen, die mit
Staatsdienern zu thun haben, was sie
thun müßen, und was sie hoffen dürfen.

Unpartheilichkeit.

404. Unpartheilichkeit ist zwar der
letzte, aber nicht der kleinste Zug im Cha=
rakter eines guten Richters.

405. In der heiligen Schrift wird
sogar das Ansehen des Armen beym Ab=
fassen eines Urtheils, ein Fehler geheißen,
wie viel mehr denn nicht das Ansehen des
Reichen?

406. Wenn unser Mitleiden uns
nicht zur Partheilichkeit neigen darf; wie
viel weniger dürfen denn unsere Furcht,
Gewinn, oder Vorurtheil uns partheiisch
machen?

407. Mit Recht schildert man die
Gerechtigkeit blind, weil sie unter den
streitenden Partheien keine Person ansieht.

408. Sie hat nur Eine Wage und
nur

nur Ein Gewicht, für Reiche und Arme, Hohe und Niedrige.

409. Ihr Urtheil richtet sich nicht nach der Person, sondern nach der Sache.

410. Der unpartheiische Richter kennt bey Abfassung seines Urtheils nichts als das Gesetz; den Fürsten so wenig als den Bauer, seinen Anverwandten so wenig als den Fremden. Ja, sein Feind selber hat eben die Gerechtigkeit zu erwarten, als sein Freund, wenn er auf dem Richterstuhl sitzt.

411. Unpartheilichkeit ist das Wesen, das Leben der Gerechtigkeit; so wie Gerechtigkeit das Wesen der Regierung ausmacht.

412. Auch ist sie nicht nur dem Staate nützlich: denn Privatfamilien können eben so wenig ohne sie wohl bestehen und ruhig und glücklich seyn.

413. Partheiischen Aeltern gehorchen ihre Kinder schlecht: und eben so schlecht werden partheiische Herrschaften von ihren Dienstboten bedient.

414.

414. Partheilichkeit ist allezeit unbillig, wo nicht unredlich: denn sie zeigt eine Zuneigung, wo vernünftiger und billiger Weise keine seyn sollte; wo nicht gar eine Beleidigung, welche die Gerechtigkeit allenthalben verbietet.

415. Wie sie ohne Grund, Lieblinge macht, so wendet sie auch keine Gründe an, Handlungen zu beurtheilen: und bestätigt das Sprüchwort: "Der Rabe hält "seine eigene Jungen für die schönsten "Vögel. "

416. Was gewiße Leute an den einen für keinen Fehler ansehen, das machen sie an andern zu Verbrechen.

417. Ja wie häßlich dünken uns unsere eigene Fehler, an andern Menschen; die wir doch an uns selber nicht sehen?

418. Und etwas nur allzugewöhnliches ists für gewiße Leute, ihre eigene Grundsäze und Maximen in anderer Leute Mund nicht mehr zu erkennen, wenn sie ihnen Gelegenheit geben, sie zu gebrauchen.

419.

419. Partheilichkeit verderbt unſer Urtheil von Perſonen und Sachen; unſer Urtheil von uns ſelbſt, und von andern Menſchen.

420. Sie befördert mehr als irgend eine andere Sache, Faktionen in Staaten, und Zwiſtigkeiten in Familien.

421. Sie iſt eine verſchwenderiſche Leidenſchaft, und kehrt nie eher wieder um, als wenn ſie der Hunger drängt, und mißlungene Hoffnungen ſie wieder einſchränken.

422. Doch können wir auch unſere Gleichgültigkeit zu weit treiben.

Gleichgültigkeit.

423. Gleichgültigkeit iſt gut im Urtheilen, aber ſchlimm in Anverwandtſchaft, und in der Religion ganz und gar verwerflich.

424. Und ſelbſt beym Urtheilen müſſen wir nur gegen die Perſonen, nicht gegen die Sachen, gleichgültig ſeyn: denn ſicherlich, eine muß die Gerechte Sache ſeyn.

Neutra=

Neutralität.

425. Neutralität ist von Gleichgül=
tigkeit gewissermaffen verschieden; und doch
auch gewiffermaffen damit verwandt.

426. Ein Richter sollte gleichgültig
seyn: man kann aber darum nicht sagen,
daß er auch neutral seyn solle.

427. Gleichgültigkeit besteht darinn,
daß er sein Urtheil gerade und gleich aus,
abfasse: Neutral wäre er, wenn er sich
ganz und gar nicht damit abgäbe.

428. Und wo es erlaubt ist, da ist's
sicherlich am besten neutral zu bleiben.

429. Wer sich an Partheien hängt,
kann schwehrlich ihrem Schicksal entgehen:
und mehrere fallen mit ihrer Parthey, als
mit ihr sich empor schwingen.

430. Ein weißlich neutraler Mann
verbindet sich mit keiner Parthey, sondern
benutzt alle, so gut als es ihm sein gerech=
ter und ehrlicher Vortheil erlaubt.

431. Nur einer der neutral ist, kann
einen

einen Friedenstifter abgeben; und eben
weil er keiner Parthey zugethan ist, eine
Wiederversöhnung beyder Partheien ver=
mitteln.

Parthey.

432. Wenn aber Gerechtigkeit oder
Religion ruffen; muß auch alsdenn ein
neutral bleibender Mensch feig, oder ein
Heuchler seyn.

433. In solchen Fällen sollten wir
niemals zaudern; aber uns doch auch nicht
irren.

434. Wenn unser Recht oder unsre
Religion angetastet wird, da ists die beste
Zeit, sie zu behaupten.

435. Auch dürfen wir in den Ange=
legenheiten unseres Nächsten nicht immer
neutral bleiben; denn obgleich sich in an=
drer Leute Händel mischen ein Fehler ist,
so ist doch Helfen eine Pflicht.

436. Unser Beruf ist, Gutes zu thun,
so oft wir die Macht und Gelegenheit daß
zu haben.

437.

437. Konnten Heyden sagen: "Wir leben nicht blos für uns selber;" sicherlich so sollten Christen diese Maxime ausüben.

438. Dies lehrt sie sowohl das Bey=spiel als die Lehre Christi, nach welchem sie sich Christen nennen.

Ruhmredigkeit.

439. Thue so viel Gutes als du kannst, aber thue es unbemerkt; und prahle nicht mit dem, was man lieber fühlen, als sehen sollte.

440. Die Demüthige, im Gleichnisse vom jüngsten Gerichte, vergaßen, ihre gute Werke: "HErr, wenn haben wir dieß oder jenes gethan?"

441. Wer blos Gutes zu thun, wohl thut, der sucht damit weder Lob noch Lohn; findet aber beyde zuletzt doch gewiß.

Vollständige Tugend.

442. Begnüge dich nicht damit, daß du überhaupt genommen tugendhaft bist:

G 5   denn

denn wo auch nur Ein Glied fehlt, da ist die Kette der Tugend unvollkommen.

443. Vielleicht bist du eher unschuldig als tugendhaft, und hasts deiner Constitution mehr als deiner Religion zu danken.

444. Unschuldig seyn, heißt, keines Verbrechens oder Lasters schuldig seyn: aber tugendhaft seyn, heißt, unsere böse Neigungen überwinden.

445. Hast du dich noch nicht in demjenigen, was deine eigentliche besondere Schwäche ausmacht, überwunden, so hast du, wenn du auch gleich von den Schwachheiten anderer Menschen frey bist, noch kein Recht auf den Namen eines Tugendhaften.

446. Wenn ein Geizhals über Verschwendung, ein Gottesleugner wider Abgötterey, eine Tyranne wider Rebellion, ein Lügner wider falsche Schriften, und ein Trunkenbold wider Unkeuschheit, eifert, denn heißt der Topf den Kessel schwarz.

447.

447. Dergleichen Verweise würden wohl sehr wenig bewirken: denn sie würden sehr wenig Nachdruck haben.

448. Willst du deine Schwachheit besiegen, so fröhne ihr nie.

449. Niemand wird zum Bösen gezwungen, nur seine eigene Einwilligung darein, macht's zu seiner Sünde.

450. Versucht werden, ist keine Sünde; wohl aber, der Versuchung unterliegen.

451. Welcher vernünftige Mensch wollte an seinem eigenen Schaden vorsetzlich arbeiten? Menschen sind verrückt, wenn sie wider ihre eigene Ueberzeugung und Gewissen sündigen.

452. Willst du nicht sündigen, so lasse dich nicht gelüsten, und soll dich nicht gelüsten, so wage dich nicht in Versuchung; ja siehe sie nicht an, und denke nicht einmal an sie.

453. Du wolltest dir große Mühe geben, deinen Leib zu retten: gieb dir doch auch einige Mühe, deine Seele zu retten!

Reli-

Religion.

454. Religion ist die Furcht GOttes:
sie wird durch gute Werke bewiesen, und
Glaube ist die Wurzel der Gottesfurcht
und guten Werke. 'Denn ohne Glauben
können wir GOtt nicht gefallen: auch kön=
nen wir den nicht fürchten, dessen Daseyn
wir nicht glauben.'

455. Die Teufel glaubens und wis=
sens auch zur Genüge. Der Unterschied
ist aber der, daß ihr Glaube nicht durch
Liebe, und ihr Wissen, nicht durch Ge=
horsam, wirkt; und eben darum hilft ih=
nen ihr Glaube und ihr Wissen nichts.
Und sind unser Glaube und unser Wissen
eben so beschaffen, so gehören wir zu ihrer,
nicht zu Christi, Kirche: denn so wie das
Haupt ist, muß auch der Leib seyn.

456. Er war heilig, demüthig, un=
schuldig, sanftmüthig, barmherzig, 2c.
da er unter uns auf Erden war; um uns
zu lehren, was wir seyn sollten, wenn er
hinweg wäre: und doch ist er immer noch
bey

Bey und in uns, ein lebendiger und beständiger Prediger der nämlichen Gnade, durch seinen Geist in unserem Gewissen.

457. Ein Diener des Evangeliums sollte von Christo erwählt seyn, wenn er für einen Diener Christi angesehen seyn will.

458. Und ist er von Christo dazu gemacht, so glaubt er nicht nur, sondern er weiß und thut auch was er lehrt.

459. Der Prediger, dessen Leben nicht das Muster seiner Lehre ist, ist eher ein Schwätzer als ein Prediger, eher ein Quackſalber als ein ächter Arzt.

460. Vor Alters wurden sie vom heiligen Geiste zu Predigern gemacht: und je mehr sie es noch heut zu Tage sind, desto besser taugen sie zu ihrem Amte.

461. Fließendes Wasser fault nicht so leicht als stehendes: und reisende Prediger verderben sich nicht so leicht als angeseßne: sie sollten aber nicht eher ausgehen als wenn sie gesendet werden.

462.

462. So wie sie von Christo freyge=
big empfangen, theilen sie auch freygebig
wieder mit.

463. Sie treiben kein Gewerb mit
demjenigen, was, ihres Wissens, und
Gewissens, kein Gewerb seyn sollte.

464. Darum ist aber nicht zu be=
sorgen, daß diejenigen, die sich damit nicht
nähren wollen, nicht dennoch ernährt
werden.

465. Ein demüthiger und wahrer
Lehrer erhält mehr als er erwartet.

466. Er hält Zufriedenheit nebst
Gottesfurcht für einen großen Gewinn,
und sucht daher nicht, Gottesfurcht zu ei=
nem Gewerbe zu machen.

467. Wie Christi Diener von ihm
gemacht, und ihm ähnlich sind, so erzeu=
gen sie auch Christen nach eben der Aehn=
lichkeit.

468. Ein Christ seyn, heißt also,
Christo ähnlich seyn: und Wiedergeburt ist
der

der einzige Weg zum Reiche GOttes um
welches wir beten.

469. Laßt uns also heute noch seine
Stimme hören, und unsere Herzen nicht
verhärten; da er auf so vielerley Arten zu
uns redet: in der heiligen Schrift; in un=
sern Herzen; durch seine Diener, und
durch seine Schickungen: und die Summe
seiner ganzen Lehre ist Heiligkeit und Liebe.

470. St. Jakob giebt uns einen kur=
zen aber sehr vollständigen und lehrreichen
Begriff hievon: Reine und vor GOtt dem
Vater unbefleckte Religion, ist, daß wir
Wittwen und Waisen in ihrer Trübsal be=
suchen und uns von der Welt unbefleckt
erhalten: und dies ist in den zwey Wor=
ten, Wohlthun und Frömmigkeit, ent=
halten.

471. Die, welche im Ernste darnach
streben, werden sie wirklich erreichen; und
mit ihnen den Frieden und die Ruhe, die
auf einen so vortreflichen Zustand folgen.

472. Halte dich also bey den zahlrei=
chen

chen und so verschiedenen Meynungen der
Welt nicht auf: bilde dir auch auf wört=
liche Rechtgläubigkeit, auf Weltweisheit,
auf deine Kenntniß von Sprachen oder
Belesenheit in den Schriften der Kirchen=
väter, nichts ein: (womit sich die Welt
zu viel beschäftigt und dünkt:) sondern
freue dich, darüber, 'daß du GOtt, das
'ist, den HErrn kennest, der, Liebende
'Güte, und Recht und Gerechtigkeit auf
'Erden, übet.'

473. Oeffentlicher Gottesdienst ist
sehr löblich; wenn er gehörig gefeiert wird.
Wir sind ihn GOtt und dem guten Exem=
pel schuldig. Wir müssen aber auch wissen,
daß GOtt an keine Zeit und an keinen Ort
gebunden, und zu gleicher Zeit allgegen=
wärtig ist: und diß werden wir, so viel
und so gut möglich, wissen, wenn allent=
halben wo wir sind, unsere Sehnsucht ist,
bey ihm zu seyn.

474. Gemeiniglich schränkt man sei=
nen Gottesdienst, auf die Handlungen des
öffentlichen und Privat=Gottesdienstes ein;

und

und die Eifrigern wiederholen diese Handlungen oft, in der Hoffnung, daß sie
GOtt gefallen werden.

475. Bedenken wir aber, daß GOtt
ein unendlicher Geist, und· also allgegen-
wärtig ist, und daß unser Heiland uns ge-
lehrt hat, daß er im Geiste und in der
Wahrheit angebetet seyn will; so werden
wir die Kleinfügigkeit jener oberwähnten
Begriffe leicht einsehen.

476. Denn der Gottesdienst geht unsre Seelenverfassung in unsrem ganzen Le-
benslaufe; in jeder Gelegenheit an, die
wir haben, oder bekommen, unsere Liebe
zu seinen Gebotten zu beweisen.

477. Denn wie Menschen in Schlach-
ten den Kugeln beständig ausgesetzt sind,
so sind wir, in dieser Welt beständig Versuchungen ausgesetzt; und darinn dienen
wir GOtt, wenn wir das, was er uns
verboten hat; meiden, und was er gebo-
ten hat, thun.

478. Dadurch daß man einer Versu-
H   chung

chung zum Bösen widersteht, dient man
GOtt besser, als durch viele förmliche
Gebete.

479. Man betet täglich nur zwey
oder drey male; hat aber jede Stunde und
jeden Augenblick Versuchungen zu bekäm=
pfen. Um so viel wichtiger ist unser be=
ständiges Wachen, als unser Morgen= und
Abend=Gebet.

480. Willst du also GOtt dienen?
So thue in der Einsamkeit nichts, das ein
anderer nicht sehen dürfte.

481. Führe GOttes Namen nicht
vergeblich: sey deinen Aeltern nicht unge=
horsam, gegen deinen Nächsten nicht un=
gerecht; begehe keinen Ehebruch, wärs
auch nur in Gedanken.

482. Sey nicht eitel, geil, stolz,
dem Trunk ergeben; nicht rachsüchtig, oder
jähzornig; lüge, lästere, verkleinere, be=
trüge, bedrücke, und verrathe niemand;
sondern wache nachdrücklich wider jede Ver=
suchung zu diesen Sünden: da du weißt,

daß

daß GOtt, der Aufseher auf deinen ganzen Wandel und innerste Gedanken, um
dich ist, und sein Gesetz an den Ungehor-
samen rächt: und alsdenn wirst du GOtt
auf eine ihm wohlgefällige Art dienen.

483. Wenn wir von denen, welchen
wir etwas Gutes thun, Dank erwarten,
ists nicht billig und vernünftig, daß wir
auch unsrem GOtt, unserem höchsten,
freygebigen und immerwährenden Gutthä-
ter unsern ehrerbietigsten Dank abstatten?

484. Die Welt stellt einen höchst-
kostbaren und herrlichen Pallast vor. Menschen, die große Haushaltung in diesem
Pallaste: und GOtt ist sein mächtiger
Herr und Meister.

485. Wir alle wissen, welch ein herrlicher Sitz die Welt ist: der Himmel mit
so vielen glorreichen Lichtkörpern; und die
Erde mit ihren Haynen, Auen, Thälern,
Bergen, Quellen, Teichen, Seen, Ström-
men; die Mannigfaltigkeit von Früchten
und Thieren zur Nahrung, zum Nutzen,

zum

zum Vergnügen: kurz, welch ein herrli=
ches Hauß Er hält, und welch eine reichli=
che, mannigfaltige und vortⲭefliche Tafel:
wie herrlich nach Jahrszeiten, und Schick=
lichkeit für jede Zeit und jedes Ding, an=
geordnet. Aber eben so gut müſſen oder
ſollten wir wenigſtens wiſſen, welch un=
nütze, müßige und unachtſame Knechte wir
ſind; wie wenig unſer Dienſt ſeiner Frey=
gebigkeit und Güte gemäß und proportio=
nirt iſt: wie langmüthig er uns erträgt,
wie oft er uns Friſt und Verzeihung ange=
deihen läßt: er, der unfres unerfüllten
Verſprechens und oft wiederholten Nachlä=
ſigkeit ohnerachtet, ſich noch nicht hat reitzen
laſſen, uns aus ſeinem Hauſe und ſeiner
Verſorgung zu verſtoſſen. Sollte nicht
dieſe große Güte in uns ein gehöriges Gefühl
von unſrem Ungehorſam, und einen feſten
Entſchluß erzeugen, unſern Lebenswandel
und Betragen zu beſſern: damit wir hin=
fort würdigere Theilnehmer an unſres
HErrn großer und guter Tafel ſeyn mö=
gen? Beſonders, da es eben ſo gewiß iſt,

daß

daß wir seine wohlverdiente Ungnade füh=
len werden, als daß wir sie verdienen,
wenn wir immer so unnütze Knechte
bleiben.

486. Wie wohl aber GOtt diese Welt
mit einer solchen Menge von Gütern zu
des Menschen Nahrung und Vergnügen,
angefüllt hat; so sind sie doch alle, nur
unvollkommene Güter. Er allein, auf
den sie weisen, ist das vollkommene Gut;
Aber ach! die Menschen können ihn, vor
den kleinern Gütern nicht sehen, ohnerach=
tet sie ihn eben durch diese kleinere Güter
sehen sollten.

487. Oft habe ich mich über das
unbegreifliche Betragen des Menschen in
Dichtung wie in andern Stücken, gewun=
dert, daß er, so sehr er auch Veränderun=
gen liebt, doch so ungerne sich entschließen
kann, an seine eigene letzte, größte, und
wenn es ihm gefällt, beste, Veränderung
zu denken?

488. Da wir, unsern Leibern nach,
aus

aus veränderlichen Elementen, zusammen gesetzt sind, so bestehen wir so wie die Welt selber, aus und durch Revolutionen, da aber unsere Seele, von einer andern und edlern Natur ist, so sollten wir unsre Ruhe in einer dauerhaftern Wohnung suchen.

489. Der wahreste Endzweck des Lebens, ist, jenes Leben das niemals ein Ende nimmt, kennen zu lernen.

490. Wer dieses seine Sorge seyn läßt, wird es endlich seine Krone finden.

491. Ohne jenes Leben wäre dieses Leben eher ein Elend, als ein Vergnügen; ein Fluch und kein Segen.

492. Denn glauben, daß Menschen, die augenscheinlich mehr wissen, bedauren, empfinden, verlangen und hoffen als Thiere, nicht länger, denn Thiere, leben, das heißt Menschen unter die Thiere erniedrigen.

493. Eine Vergütung eines kurzen und mühseligen Lebens ists, daß Gutes thun,

thun, und Uebel leiden, dem Menschen ein Recht zu einem längern und beffern Leben giebt.

494. Dieses erhöht allezeit die Hoffnung des Tugendhaften, und giebt ihm einen Vorschmack von einer andern und beffern Welt.

495. Wie dieß der Endzweck des Tugendhaften ist, so kann auch kein anderer dieß Ziel treffen.

496. Viele spekuliren darauf; aber nur der Tugendhafte allein, bringts zur Ausübung.

497. Seine Arbeit geht in gleichem Schritte mit seinem Leben fort: und somit bleibt nichts mehr zu thun übrig, wenn er stirbet.

498. Und wer für ein ewiges Leben lebt; fürchtet sich nie, zu sterben.

499. Auch können die Mittel demjenigen nicht schrecklich seyn, der von Herzen den Endzweck glaubt.

500.

500. Denn, wiewohl der Tod ein finsterer Pfad ist, so führt er doch zur Unsterblichkeit: und diese ist eine hinläng- liche und überschwengliche Vergütung des Todes.

501. Und doch leuchtet der Glaube uns auch durchs Grab: der Glaube, diese Evidenz ungesehener Dinge.

502. Und diß ist der Trost der Tu- gendhaften, daß das Grab sie nicht halten kann, und daß sie leben, so bald sie sterben.

503. Denn der Tod ist nur ein Ue- bergang aus der Zeit in die Ewigkeit.

504. Auch kann ohne den Tod keine Revolution statt finden: denn diese setzt die Auflösung einer Form voraus, um ei- ner andern Form Platz zu machen.

505. Da nun der Tod der Weg und die Bedingung des Lebens ist, so können wir das (ewige) Leben nicht lieben, wenn wir den (zeitlichen) Tod nicht ertragen können.

506. Laßt uns denn uns nicht mit
den

den Schaalen und Rinden der Dinge aufhalten, noch Form der Macht, noch Schatten dem Wesen, vorziehen. Ge= mälde von Brod werden den Hunger nicht stillen, noch Gemälde von Gottesfurcht, GOtt gefallen.

507. Diese Welt ist eine Form; unsere Leiber sind Formen; und keine sichtbare gottesdienstliche Handlungen kön= nen ohne Formen seyn. Und doch, je weniger Form in der Religion ist, je bes= ser: Denn GOtt ist ein Geist: je geisti= ger unser Gottesdienst, je mehr ist er der Natur GOttes gemäß; je stiller, je bes= ser taugt er für Unterredung mit einem Geiste.

508. Worte brauchen wir für an= dere, nicht für uns selber; und auch nicht für GOtt, der nicht auf eine körperliche, sondern auf eine geistige Art hört.

509. Wollen wir diesen Dialect ler= nen, so müssen wir ihn vom göttlichen Lehrer in uns lernen. So wie wir seine Lehren hören, so hört uns GOtt.

H 5

510. Da können wir ihn auch in allen seinen Eigenschaften sehen: zwar im Kleinen; Doch so viel wirs faſſen oder ertragen können; Denn an und für ſich ſelber, iſt er uns unbegreiflich, und wohnt in einem Lichte, 'dem kein Auge nahen kann'! Aber in seinem Ebenbilde können wir seine Herrlichkeit sehen: Genug, um unſere Begriffe von GOtt zu erhöhen, und jenen ihm wohlgefälligen Gottesdienſt zu lernen.

511. Die Menschen mögen sich in einem Labyrinthe von Unterſuchungen abmatten, und von GOtt schwätzen: Wollen wir aber ihn wirklich kennen lernen, so muß es durch die Eindrücke geschehen, die wir von ihm bekommen: und je weicher unsere Herzen sind, je tiefer und lebhafter werden diese Eindrücke ſeyn.

512. Hat er durch ſeine Züchtigung, uns ſeine Gerechtigkeit, durch ſeine Langmuth, ſeine Gedult; durch ſeine Vergebung, ſeine Barmherzigkeit; durch die Heiligung unſerer Herzen durch ſeinen Geiſt,

Geist, seine Heiligkeit, gelehret; so haben wir eine gegründete Kenntniß Gottes. Diese ist Erfahrung, jene Theorie; Diese ist Genuß, jene, bloß Gerücht. Kurz, diese ist eine unleugbare Evidenz nebst den Realitäten der Religion, und kann alle Winde und Wetter aushalten.

513. So wie unser Glaube, sollte auch unsere Andacht lebendig seyn. Kalte Gerichte taugen nicht auf den Altar.

514. Eine Kohle von Gottes Altare ists, die unser Feuer anzünden muß; und ohne Feuer, und zwar wahres, Feuer, giebts kein wohlgefälliges Opfer.

515. Oeffne du meine Lippen, und alsdenn, sagt der Königliche Prophet, " soll mein Mund Gott preisen: " Aber erst " alsdenn. "

516. Sowohl die Vorbereitung des Herzens, als die Antwort der Zunge, ist vom Herrn: und um sie zu erhalten, muß unser Gebet kräftig, und unser Gottesdienst Gott wohlgefällig seyn.

517.

517. Laßt uns also uns an diejeni=
ge Kirche halten, worinn das wärmste
Gefühl der Religion herrſcht: wo mehr
Andacht als Formalitäten und Ceremo=
nien, iſt, und der Wandel mit dem Be=
kenntniß am beſten übereinſtimmt; und
wo es wenigſtens eben ſo viel Liebe als
Eifer, giebt: Denn wo wir dieſe Geſell=
ſchaft finden, da finden wir die Kirche
GOttes. •

518. So wie alle Tugendhafte, ge=
hören auch alle Laſterhafte, zu Einerley
Kirche: und jedermann weiß, wer das
Oberhaupt derſelben ſeyn muß.

519. Die Demüthigen, Sanftmü=
thigen, Barmherzigen, Gerechten, From=
men und andächtigen Seelen, gehören al=
lenthalben zu Einerley Religion: und
wenn der Tod ihnen die Maske abgenom=
men hat, werden ſie einander kennen, ob=
gleich die verſchiedene Livreen, die ſie hier
tragen, ſie einander fremd machen.

520. Vieles muß man der Erzie=
hung und perſönlichen Schwachheiten
über=

überſehen. Ich habe mirs aber zur Re=
gel gemacht, ” daß derjenige wahrhaftig
” Gottesfürchtig iſt, der ſeinen Glauben
” mehr ſeiner Frömmigkeit als ſeiner Ce=
” remonien wegen, liebt. ”

521. Leuthe, die einerley Endzweck
haben, können ſich ſchwehrlich entzweyen,
wenn ſie zuſammen kommen. Wenig=
ſtens mäßigt ihre gemeinſchaftliche Theil=
nehmung an den Hauptſachen, ihre Ei=
fer und ihre Zwiſtigkeiten, um kleinere
Dinge.

522. Ein trauriger Gedanke iſts,
daß viele Menſchen faſt gar keine Reli=
gion haben, und daß die meiſten Men=
ſchen keine eigenthumliche haben: denn
diejenige Religion, die ſie blos von ihrer
Erziehung, nicht von ihrer eigenen Unter=
ſuchung und Ueberzeugung her haben, iſt
die Religion eines andern, und nicht ihre
eigene.

523. Auf anderer Leute Wort und
Anſehen, und nicht auf ſeine eigene Ueber=
zeugung, ſeine Religion gründen, heißt,

ſich

sich wie eine Sackuhr vor und rückwärts
drehen lassen, so wie es ihrem Besizer be=
liebt.

524. Etwas verkehrtes ists, daß
Leute ihre Seelen daran wagen, wo sie
nicht einmal ihr Geld wagen wollten:
dénn sie wollen ihre Religion auf anderer
Leute Wort annehmen, würden aber einer
Kirchen=Versammlung nicht um die Güte
eines Thalers trauen.

525. Wo es ihnen nun ihr Geld gilt,
da wollen sie ihrem eigenen Urtheil folgen:
was sie auch mit ihren Seelen thun mögen.

526. Sicherlich kann aber diejenige
Religion nicht wahr seyn, die ihren An=
hänger schlimmer und unglücklicher macht.

527. Lieber gar keine Religion, als
eine unnatürliche.

528. Die Gnade bessert die Natur,
aber versäuert und verderbt sie nie.

529. In Vertheidigung der Gnade
grausam seyn, ist ein Widerspruch.

530.

530. Schwerlich kann etwas schlimmer aussehen, als wenn man die Religion durch Mittel vertheidigt, welche beweisen, daß sie bey uns selber nichts wirkt noch gilt.

531. Etwas anderes ist ein Frommer, und etwas anderes, ein Andächtler und Eiferer.

532. Wenn unsere Gemüther ihre gerechte Schranken überschreiten, müssen wir nothwendig das, so wir empfehlen wollen, verdächtig machen.

533. Wütend, für Religion eifern, heißt auf eine irreligiöse Art religiös seyn.

534. Wenn ein Gefühlloser und Unbarmherziger kein Mensch ist, wie kann er denn ein Christ seyn?

535. Besser wär's, ganz und gar keiner Kirche anzuhangen, als für irgend eine mit Bitterkeit eifern.

536. Bitterkeit gränzt sehr nahe an Feindschaft; und diese ist Beelzebub; denn sie ist die höchste Stufe der Bosheit.

537.

537. Ein guter Endzweck kann böse Mittel nicht heiligen: auch dürfen wir niemals Böses thun, damit Gutes daraus entstehe.

538. Einige Leute glauben, sie dürfen zanken, schimpfen, hassen, rauben, und auch morden; wenns nur um GOttes willen und ihm zu Ehren geschehe.

539. Aber nichts an uns, das ihm unähnlich ist, kann ihm wohlgefallen.

540. Eine eben so große Tollkühnheit ists an uns, unsre Leidenschaften auf Vollziehung der Befehle GOttes auszusenden, als es ist, sie mit GOttes Namen zu bemänteln.

541. Eifer in Menschenliebe getaucht, ist gut; ohne sie ist er nichts nütze; denn er verzehrt alles rings um ihn her.

542. Wer sich erkühnt andere zu richten, sollte vorher sich selbst richten: und alsdenn würde er sein Urtheil nicht leicht zu streng und weit treiben.

543.

543. Wir sind zu fertig, lieber wieder zu vergelten als zu verzelhen, oder unsere Gegner durch Liebe und Belehrung zu gewinnen.

544. Und doch könnten wir einander schaden, der, unseres Erachtens, uns liebt.

545. Laßt uns denn versuchen, was Liebe ausrichten kann: denn wenn die Menschen einmal sehen, daß wir sie lieben, so werden wir bald finden, daß sie uns nicht gerne schaden wollten.

546. Gewalt mag unterjochen, aber Liebe gewinnt: und wer zuerst verzeiht, trägt den Lorbeer davon.

547. Räche ich mich an meinem Feinde, so ist seine Schuld bezahlt: vergebe ich ihm aber, so mache ich ihn auf ewig zu einem Schuldner.

548. Liebe ist die schwerste Lection im Christenthum; aber eben deswegen sollten wir uns hauptsächlich beeifern, sie zu lernen. 'Difficilia quæ pulchra.'

I

549.

549. Eine schwehre Verantwortung ists für uns, daß GOtt uns so viel verzeihet, und wir unserem Nächsten so wenig übersehen. Als ob Liebe die Religion nichts angieng, oder Liebe, den Glauben, der doch durch Liebe wirken soll.

550. Ich finde, daß alle Arten Leute, so sehr sie auch auf einander erbittert gewesen seyn mögen, einig werden, wenn die Annäherung des Todes sie demüthigt. Alsdenn verzeihen, alsdenn beten sie für einander, und lieben einander: Dies zeigt uns, daß es nicht unsere Vernunft, sondern unsere Leidenschaft ist, die die unter gesunden und muthigen Menschen herschende Zwistigkeiten veranlaßt und unterhält. Diejenige welche so viel möglich zunächst in derjenigen Gemüthsverfassung leben, worinn sie sterben sollten, müssen also gewiß am besten leben.

551. Glaubten wir eine letzte Abrechnung und jüngstes Gericht, oder dächten wir genug an das was wir glauben, so würden wir in der Religion mehr Liebe ein-

einflieſſen laſſen als jetzt: Denn die Re=
ligion ſelber iſt nichts anderes als GOt=
tes und Menſchenliebe.

552. 'Wer in der Liebe lebt, der
lebt in GOtt,' ſagt der Lieblings Jün=
ger: und gewiß ein Menſch kann nirgends
beſſer leben.

553. Höchſtvernünftiger Weiſe ſoll=
te man den dauerhafteſten Vortheil am
höchſten ſchätzen. Nun aber, werden
Zungen aufhören, und Prophezeihungen,
und der Glaube ſich in Schauen, und
Hoffnung im Genuſſe, endigen: aber die
Liebe wird ewiglich bleiben.

554. In der That iſt die Liebe der
Himmel auf Erden: Denn ohne Liebe
würde der Himmel ſelber kein Himmel
ſeyn: Denn, wo keine Liebe iſt, da iſt
Furcht; Aber 'vollkommene Liebe ver=
treibet die Furcht." Und doch fürchten
wir uns natürlicher Weiſe am meiſten,
dasjenige zu beleidigen, was wir am mei=
ſten lieben.

555. Was wir lieben, werden wir hören, was wir lieben, dem werden wir vertrauen; und was wir lieben, dem werden wir dienen, ja für das werden wir auch willig leiden. " Liebt ihr mich, sagt unser gesegneter Erlöser, so haltet meine Gebote. " Warum? .. Alsdenn wird Er uns lieben; Denn werden wir seine Freunde seyn; denn er will uns den Tröster senden; Denn sollen wir alles, was wir betten, empfangen; Denn sollen wir seyn und bleiben, wo Er ist, und dieß auf ewig! Dieß sind die Früchte der Liebe! die Macht, die Tugend, der Vortheil, die Schönheit der Liebe!

556. Liebe geht über alles: und wenn sie in uns allen herscht, denn werden wir alle liebenswürdig seyn, und GOtt und uns einander lieben. Amen.

Früchte

Früchte der Einsamkeit,

in

Betrachtungen und Maximen.

Zweyter Theil.

Der ächte Tugendhafte.

1.

Ein wahrhaftig sittlicher und tugend-hafter, ist ein großer und guter Mensch: aber eben darum, selten zu finden.

2. Es giebt eine Art Leute, die sich diesen Charakter gerne anmassen; aber, meines Erachtens, sehr wenig Recht dar-auf haben.

3. Sie glauben, es sey genug, je-manden nicht um seine Bezahlung zu be-

J 3 trügen,

trügen, und seinen Freund nicht zu verra=
then: sie bedenken aber nicht, daß jenes
von den Gesetzen, bey Strafe verbotten
ist, und daß das Nichtverrathen ihrer
Freunde selten aus Tugend herrührt.

4. Gewißlich kann aber der, den ge=
lüstet, eben so wenig tugendhaft seyn, als
der, der stiehlt: denn jener stiehlt in Ge=
danken. Auch kann der nicht tugendhaft
seyn, der listiger Weise seinen Nächsten
um seinen Credit oder um sein Gewerb
oder Amt bringt.

5. Wenn jemand seinen Schneider
bezahlt, aber dessen Ehefrau verführt,
kann er für tugendhaft gelten?

6. Was sollen wir aber von einem
Menschen sagen, der seinem Vater nicht
gehorcht, der ein böser Ehemann, ein bö=
ser Nachbar ist; der seine Zeit, seine Ge=
sundheit, sein Vermögen, woran seiner
Familie so viel gelegen ist, verschwendet?
Soll der für einen tugendhaften Mann gel=
ten, blos weil er seine Rente richtig be=
zahlt?

7.

7. Gerne möchte ich einen von diesen tugendhaften Leuten fragen, ob der, der GOtt, und auch sich selber, beraubt, gesetzt auch er betröge seinen Nächsten um nichts, ein tugendhafter Mensch sey?

8. Bin ich mir selber nichts schuldig? und bin ich GOtt nicht alles schuldig? Und wenn die Bezahlung dessen, was wir schuldig sind den rechtschaffenen, den tugendhaften Mann ausmacht, ists nicht billig, nicht rathsam, daß wir mit Bezahlung unserer Schuldigkeit da anfangen, wo wir unfern eigenen Anfang, unser Daseyn, ja alles was wir sind und besitzen, empfangen haben?

9. Der vollkommne Tugendhafte fängt bey GOtt an: er bezahlt ihm seine Pflicht, seine Schuld; sein Herz, seine Liebe, seinen Dienst; ihm, dem freygebigen Geber nicht nur seines Daseyns, sondern auch seines Wohlseyns.

10. Wer ohne Gefühl dieser Abhängigkeit und Schuldigkeit lebt, der kann kein sittlicher, oder tugendhafter Mensch seyn:

J 4   weil

weil er seine Schuldigkeit von Liebe und
Gehorsam nicht kennt, wie sichs einem ehrlich und vernünftig empfindlichen Geschöpfe
geziemt: einem Geschöpfe, dessen bloße Be-
nennung schon anzeigt, daß er nicht sein eigen ist; und unmöglich kanns sehr ehrlich
gehandelt seyn, wenn man eines andern
Güter übel anwendet und misbraucht.

11. Wie aber, giebts denn keine andere Schulden, als die man seinen Mit-
geschöpfen schuldig ist? oder, wird unsere
Pünktlichkeit und Bezahlung dieser kleinen
Schulden, dieweil wir unsere wichtigere
vernachläsigen, unsere Verbindung und
Schuldigkeit aufheben, und uns zu äch-
ten, rechtschaffenen und tugendhaften
Menschen machen?

12. Wie es in Ansehung der Schulden und ihrer Bezahlung gewisse Klassen
und eine Rangordnung giebt; so betrachtet
auch der wahre Tugendhafte seine Pflich-
ten nach Maasgabe ihres verschiedenen
Ranges.

In die Erste Klasse seiner Gläubigere
setzt

setzt er den, dem er sich selber schuldig ist. In die nächste, sich selber, seine Gesundheit, sein Vermögen. Zuletzt, seine übrige moralische, oder Geldschulden: und behandelt andere, so weit sein Vermögen reicht, so wie er von ihnen wünscht behandelt zu werden.

13. Kurz, der Tugendhafte ist der, der GOtt über alles, und seinen Nächsten, wie sich selber liebt, und folglich beyde Gesetztafeln zugleich erfüllt.

Der Weltkluge.

14. Gewiße Leute glauben, ein weltkluger Mann müsse unerforschlich und unkennbar seyn. Ich bin aber überzeugt, daß dies nicht gerecht noch billig ist.

15. Ist ers blos durch Stillschweigen, so ists besser: ist ers aber durch Verstellung, so ist seine Weltklugheit schon etwas unredliches und verhaßtes.

16. Ein anderes ist Verschwiegenheit; und ein anderes, falsche Lichter aufstecken.

17.

17. Der ehrliche Mann, der eher
freymüthig als gar zu offen ist, verdient
immer den Vorzug, besonders, wenn Ver=
stand am Steuerruder steht.

18. Sich auf die andere Laune hin=
gegen etwas einbilden, heißt auf ein Laster
stolz seyn: denn menschlich ists nicht, kalt,
finster, und zum Umgange untauglich zu
seyn. Beynahe hätte ich gesagt, sie seyen,
wie Beutelschneider, in einem Gedränge,
wo man immer seine Börse mit seiner Hand
halten muß, oder wie Spionen in einer Fe=
stung, die, wenn man ihnen nicht zuvor=
kömmt, sie verrathen.

19. Sie sind das Widerspiel der
menschlichen Natur: und doch soll so etwas
der Weltkluge, der Staatsmann der itzigen
Welt seyn. Vortrefliche Eigenschaften für
Lapland, wo es, wie man sagt, viele He=
renmeister (obwohl eben nicht viele Wun=
derthäter) geben soll.

20. Wie Straßenräuber (in England)
die selten anderst, als in Masken, oder
selten

ſelten in den nämlichen ſchon ſonſt getrage-
nen Perücken und Kleidern rauben, ſondern
für jede Unternehmung ein beſonderes Kleid
haben.

21. Höchſtens mag er ein liſtiger
Menſch, das iſt, eine Art politiſchen Wil-
derers, ſeyn.

22. So lange es ehrlich zugeht, iſt er
nie zu ſtark für den Weiſen: denn Ehrlichkeit iſt nicht ſein Element; und vereitelt
ſeine Geſchicklichkeit. Auch beſtrickt er
Weiſe nie, außer wenn ſie ihm trauen.

23. So kaltſinnig oder zurückhaltend
er aber auch ſcheint, ſo kann und will er
doch gerne gegen jedermann gefällig ſeyn,
wenn er etwas dadurch gewinnt; und wenn
auch die Mittel dazu weder GOtt, noch
im Grunde ihm ſelber, wohlgefallen ſollten.

24. Er iſt für alles, was ihm einen
Gewinn bringt: aber auch unverſöhnlich,
wenn ihm ſeine Hoffnung fehlſchlägt.

25. Und was er nicht hindern kann,
das

das wird er gewiß durchs Uebertreiben, ver-
berben.

26. Niemand ist so eifrig wie er für
dasjenige, was er nicht ausstehen kann.

27. Was wollte oder könnte er nicht
thun, um seine wahre Gesinnungen zu
verhehlen.

28. Seinem Eigennutzen zu lieb,
hält ers mit jeder Seite oder Parthey:
und wenn ihm die gerechte nicht günstig
ist, nimmt er die ungerechte mit eben so
ungezwungenem Anstande, als jene, bey
der Hand.

29. Ja, er pflegt insgemein die ungerechte Parthey am liebsten zu ergreifen,
weil, diese ihm die stärksten Geschenke
giebet: denn ihm ists eigentlich blos ums
Geld zu thun.

30. Er segelt mit jedem Winde,
und ist überall auf seinem rechten Wege,
wo es etwas zu gewinnen giebt.

31. In der That, ein Kaper und
überall ein Raubvogel.

32.

32. Niemand als sich selber treu, und gegen alle andre Personen und Partheyen falsch, um seinen Vortheil zu erjagen.

33. Sprich mit ihm so oft du willst, nie wird er dich mit guter Münze bezahlen: denn die seine ist allezeit falsch oder gekippt.

34. Aber nie möge mein Leser von ihm lernen, für irgend was einen falschen Grund anzugeben; eben so wenig, als kupferne Kronen für silberne auszubezahlen! nicht nur, weil es nicht wahr ist, sondern auch, weil die Person, der man den falschen Grund angiebt, dadurch betrogen wird; und jeder Betrug sündlich ist.

35. Viel besser ists stille zu schweigen. Denn dadurch sichert man zugleich sein Geheimniß und seine Ehre.

36. Leute die sichs erlauben, anderst zu reden, als sie denken, werden endlich in mehrern Dingen, ordentliche

Betrü

Betrüger: Aber in Religions- und in Staatssachen, ist dieß sehr verderblich.

37. Zwey Leute einander gerade das Widerspiel von dem, was sie selber den: ken, und zwar mit aller ersinnlichen Höf: lichkeit und anscheinender Freundschaft, sagen zu hören, und zwar blos um ein: ander zu täuschen, und auszuforschen, das ist für einen rechtschaffenen Bieder und Ehrenmalen eines der traurigsten und eckelhaftesten Dinge in der Welt.

38. Daß man aber dieß Betragen zum Charakter eines weltklugen Manns machen will, das heißt, der Weisheit ihr rechtmäsiges Erb rauben, und unser Ver: derbnis aufs lebhafteste schildern, der Arglist, einem Erzbetrüger, die Stelle der Weisheit einräumt.

39. Die Probe der Geschiklichkeit zwischen jenen oberwähnten bey den welt: klugen Leuten ist, wer von beyden am we: nigsten von demjenigen glaubt, was ihm der andere sagt; und derjenige, der die

Schwach=

Schwachheit oder Gutherzigkeit hat, zu=
erst nachzugeben, (das ist, irgend etwas
von demjenigen, was ihm der andere sagt,
zu glauben,) wird für überwunden ge=
halten.

40. Ich kann eben so wenig einse=
hen, wie es weise, als wie es nöthig
seyn kann, daß die Gedanken eines Men=
schen seinen Worten gerade widersprechen
sollen: Denn ein Mensch, der jedermann
lehrt, ein Mistrauen in ihn zu setzen,
kann nicht erwarten, daß man ihm lange
glauben werde: und da auch die Geschik=
testen bisweilen nöthig haben, daß man
ihnen glaube, worinn besteht denn der
Vortheil ihrer politischen Taschenspieler=
Kunst gegen das menschliche Geschlecht?

41. Hier fällt mir eine Stelle von
einem von der Königinn Elisabeth Mini=
stern ein, die einen Rath an einen seiner
Freunde enthielt: " Der Vortheil, sagt
" er, den ich bey Hofe hatte, bestund
" darinn, daß ich allezeit sprach, wie ich
                                    " dachte,

" dachte. Da sie nun dieses nicht glaub»
" ten, so behielt ich zugleich ein gutes Ge=
" wissen, und zog mir mit dieser Frey=
" müthigkeit keinen Schaden zu. " Diese
Stelle zeigte zugleich, daß dies Laster
nicht erst zu unsern Zeiten aufgekommen
ist, und daß die Rechtschaffenheit dieses
Biedermanns, das beste Mittel ist, es
zu melden.

42. Sicherlich ists sowohl weise als
ehrlich, weder anderen Leuten zu schmei=
cheln, noch unsere eigene Gesinnungen zu
verstellen, und noch weniger, ihnen zu
widersprechen.

43. Ganz und gar zu schweigen,
oder die Wahrheit zu sagen, oder nur von
gleichgültigen Dingen zu sprechen, ist der
ehrlichste Umgang.

44. Diejenigen Weiber, die selten
ohne Masken ausgehen, werden bey wei=
tem nicht für die ehrlichsten angesehen.
Wenn wir aber bedenken, wozu all diese
schlaue Künste und Verstellungen dienen
soll;

soll; so müssen des Weisen Verwunderung und Abscheu noch höher steigen: Vielleicht geschiehts, um einen Vater, einen Bruder, einen Herrn, einen Freund, einen Nachbar, oder seine eigene Parthey, zu betriegen und zu verrathen.

45. Ein herrlicher Sieg! Den edle Griechen und Römer würden verabscheut haben! gleich als ob eine Regierung ohne Schurkerey nicht bestehen könnte, und als ob Schurken ihre nützlichste Stützen wären, ohnerachtet sie zugleich die niederträchtigsten und größte Verkehrung der Endzwecke der Regierung ist.

46. Daß aber dergleichen schurkisches Betragen eine Staatsmaxime werden konnte, zeigt nur allzuhandgreiflich das Verderbnis unsrer Zeiten.

47. Ich gesteh es, "ich habe von "nüzlichen Schurken" sprechen gehört: es aber allezeit für einen einfältigen oder schurkischen Ausdruck gehalten; wenigstens für einen Versuch, Schurkerey zu entschuldigen.

K   48.

48. Eben so vernünftig wär's zu glauben, eine Hure gäbe die beste Ehefrau ab, als zu denken, ein Schurke tauge am besten zum Staatsdiener.

49. Außerdem wird Schurkerey statt bestraft zu werden, durch dergleichen Peförderung von Schurken, ermuntert: und die der Tugend und Rechtschaffenheit gebührenden Belohnungen werden ihr entzogen: oder wenigstens wird die Welt dadurch auf den Wahn gebracht, das Land bringe nicht mehr soviel ehrliche und zugleich fähige Männer hervor, als es zu seinen Staatsgeschäften bedarf.

50. Bist du ein Vorgesetzter? so befördere Männer, die in ihrer Heymath unbefleckte Namen haben: und Männer von Vermögen, damit du dich auf die Erfüllung der ihnen anvertraueten Amtspflichten desto eher verlassen kannst; Männer, die nicht erst, durch recht= oder unrechtmäßige Mittel ihr Glück zu machen brauchen: Denn dergleichen recht=
schaffe=

schaffene und zugleich vermögliche Männer kann man bisweilen eher finden, als
Aemter für sie erledigt sind.

51. Bist du aber ein Privatmann?
so schränke deinen Umgang in einen engen
Kreis von Bekannten ein, und wähle
rechtschaffene Leute dazu: Leute, die so-
bald die Ehre ihnen nicht weiter auf einem Wege vorgehen will, sogleich ganz
still stehen bleiben: und die lieber für nicht
ganz brauchbare Männer angesehen seyn,
als ihren Ruhm und Ehre durch eine niederträchtige Gefälligkeit verwirken wollen.

Der Weise.

52. Der Weise richtet sich nach
Gründen, und seinen Umständen: und
thut was das beste ist, weils das beste
ist: und zwar das beste, in moralischen
und vernünftigen, nicht in einem zwey-
deutigen, Sinne.

53. Er setzt sich gerechte Endzwecke
vor, und bedient sich, nur sie zu erreichen,

then, der redlichsten, und zugleich wahr=
scheinlichsten Mittel.

54. Ohnerachtet man nicht unter
sein Vorhaben, oder seine Gründe dazu,
ergründen kann; so wird man doch alle=
zeit eine gewisse Einförmigkeit in seinen
Handlungen, und eine Meisterhand in sei=
ner Arbeit, bemerken: und so oft man
sie prüft, wird sie die Probe der Weiß=
heit und Ehre aushalten.

55. Er erniedrigt sich nicht so weit,
daß er seinen Vortheil durch Ränke suchen,
oder einen politischen Schleichhändler ab=
geben sollte: Denn gerechte Unterneh=
mungen bedürfen keiner ungerechten Mit=
tel, zu ihrem Gelingen.

56. Nur Stümper in der Staats=
kunst, so wie in der Moral, thun Böses,
damit Gutes daraus entstehen möge.

57. Wenn jene Wundärzte, die ei=
nen Arm, den sie nicht heilen können,
abschneiden, um ihre Ungeschicklichkeit zu
verbergen, und ihre Ehre zu retten.

58.

58. Der Weise ist vorsichtig, aber nicht listig; verständig, nicht schlau; er macht die Tugend zur Richtschnur des Gebrauchs seines vortrefflichen Verstandes in seinem Lebenswandel.

59. Der Weise ist in seinem Betragen einförmig: bereit, aber nicht zu dringlich; ist in allen Stücken, auf einen sichern Grund bedacht: er beleidigt niemand; und hält sich auch selber nicht zu voreilig für beleidigt: und er ist allezeit geneigt, erlittenes Unrecht aussöhnen zu lassen, wo nicht, es ohne alle Genugthuung zu vergeben.

60. Er ist mein als spitzfündig, noch krittelnd: er haßt Spässe und Spöttereyen: er kann munter aber nicht leichtsinnig seyn: er beschäftigt sich nur mit guten soliden Dingen, und überläßt Puppenhändlern Tändeleyen, mit denen er sich nicht einmal belustigt, geschweige, daß er sich mit ihnen jemals beschäftigen wollte.

K 3

61.

61. Ihm ists allezeit um irgend ein gründliches, bürgerliches oder sittliches, Gut zu thun: zum Er. sein Vaterland tugendhafter zu machen, dessen Frieden und Freiheit zu erhalten; seine Arme zu beschäftigen, die Feldwirthschaft, und Ländereyen, zu verbessern, die Handlung zu befördern, das Laster zu dämpfen, Gewerbsamkeit und alle mechanische Kenntnisse zu befördern; damit sie der Gegenstand der Vorsorge der Regierung, und der Segen und Ruhm des Volkes werden.

62. Kurz, er ist gerecht, und fürchtet GOtt; er haßt die Habsucht, und meidet das Böse; und liebt seinen Nächsten wie sich selbst.

Regierung der Gedanken.

63. Da der Mensch ein vernünftiges, und folglich denkendes, Geschöpf ist; so geziemt seinem Daseyn nichts besser als die rechte Lenkung und Anwendung seiner Gedanken: weil hievon sowohl seine Nutzbarkeit

barkeit für das Publikum, als sein eigener
jetziger und künftiger Vortheil in jeder
Rücksicht, abhängt.

64. Die Erwägung hievon hat mir
oft Klagen über das Elend der Menschen
abgedrungen, die einer zu grosser Vermi=
schung und Verwirrung der Gedanken,
wegen kaum im Stande gewesen sind, die
Dinge richtig und reiflich zu beurtheilen.

65. Daher rührt die mannichfaltige
Ungewißheit und Verwirrung, die wir in
der Welt sehen, und der unmäßige Eifer,
der sie veranlaßt.

66. Daher rührt auch die unvoll=
kommene Kenntniß, die wir von den Din=
gen haben; und unser so langsamer Fort=
schritt zu einer bessern. Daher geht es
uns, wie den Israeliten, welche vierzig
Jahre mit ihrer Reise aus Egypten nach
Canaan zubrachten, die sie doch in weit
weniger als in einem Jahre hätten vollen=
den können.

67.

67. Kurz, daher rührt; wo nicht alles, doch wenigstens das meiste, Elend worunter wir seufzen.

68. Reinige daher deinen Kopf, und sammle und regiere deine Gedanken gehörig; so wirst du Zeit erspahren, und dein Geschäft richtig sehen und thun: Denn dein Urtheil wird deutlich, dein Verstand frey, und deine Seelenkräfte werden stark und regelmäßig seyn.

69. Erinnere dich allezeit, deine Gedanken auf ihren jedesmaligen Gegenstand einzuschränken.

70. Betrift dieser Gegenstand deine Religionspflicht, so laß keinen andern Gedanken sich einschleichen. Und betrifft er irgend eine bürgerliche oder zeitliche Angelegenheit, so beobachte die nämliche Vorsicht; so wirst du in allen Stücken ein Mann seyn, und während der nämlichen Zeit noch einmal so viel ausrichten.

71. Arbeitet sich dein Verstand an irgend einer Sache zu sehr ab, so wende ihn

ihn davon weg, und auf irgend einen an=
dern, sinnlichern oder mechanischen Ge=
genstand, lieber als auf irgend was das
Verstand gleichfalls abmatten würde;
denn dieses hieße ein Ding aufs andere
schreiben, und folglich unsere vorhergehen=
de Eindrücke auslöschen, oder unleserlich
machen.

72. Diejenigen die ihre Sorgen am
wenigsten zertheilen, bringen immer ihre
Geschäfte am besten zu Stande.

73. Wie du also den jetzigen Gegen=
stand immer so lange verfolgen mußt, bis
du seiner ganz mächtig bist, so sorge auch,
im Falle du mehr als eine Sache auf
Einmal unter den Händen hast, dafür,
daß du allezeit die wichtigste und dringend=
ste vorziehest.

74. Derjenige, welcher die jedesma=
lige Wichtigkeit eines jeden seiner Geschäf=
te nicht richtig beurtheilt, muß, so ge=
schäftig er auch allezeit seyn mag, doch
sehr langsame Progressen machen.

75.

75. Mache dir aber nicht mehrere Geschäfte nothwendig, als dir wirklich nothwendig sind: und vermindere lieber deine Arbeit, als daß du sie vermehren solltest.

76. Auch sey nicht allzueifrig auf irgend was erhitzt: Denn die gar zu hitzig Geschäftigen lassen zu oft ihre Beurtheilungskraft dahinten, und arbeiten bisweilen so, daß sie's bereuen müssen.

77. Wer sein Geschäft übertreibt, läßt es für denjenigen dahinten, der gemächlicher nachfolgt und es auffängt, welches oft eine nüzliche Erndte für Leute abgiebt, die niemals gesäet haben.

78. Dieß ist ein Vorzug, den langsamere Köpfe und Gemüthsarten vor denen zu lebhaften voraus haben, daß sie, zwar nicht voran gehen, aber doch gut nachfolgen, und alles rein auflesen und be nutzen.

79. Ueberhaupt wende deine Gedanken so an, wie es dein Geschäft erfordert;

dert; und ordne dieses nach Maaßgebung
seiner Wichtigkeit und je nachdem es mehr
oder weniger dringend ist: muſtere und
verdaue alles, wie ſichs gehört; ſo wirſt
du in deinem Leben vielen Irrthümern
und Verdrüßlichkeiten vorbeugen, und zu=
gleich viele Zeit erübrigen.

Neid.

80. Ein Kennzeichen eines bösarti=
gen Gemüths iſts, gute Handlungen zu
verkleinern, und ſchlimme zu vergröſſern.

81. Gewiſſe Leute misgönnen an=
dern, eben ſo ſehr einen guten Namen,
als er ihnen ſelber mangelt: und vielleicht
eben deswegen, weil er ihnen ſelber
mangelt.

82. Gewiß aber haben diejenigen
Unrecht, welche denken können, ihnen
entgehe etwas, wenn andere bekommen,
was ihnen gebührt.

83. Dergleichen Leute, denen nach
dem Lohne fremder Verdienſte gelüſtet,
pfle=

pflegen gemeiniglich mehr Ehrgeiz als Verdienst zu haben: und gewiß haben diejenigen eine sehr bösartige Natur, die lieber
andern Menschen was ihnen zukömmt,
rauben oder vorenthalten, als ihnen ihr Lob
zukommen lassen wollen.

84. Es ist eher ein Fehler unseres
Willens als ein Irrthum unseres Verstandes; denn wir wissen, daß es von unserer
Leidenschaft, und nicht von unserer Vernunft herrührt: und eben deswegen sind
wir in unsern partheyischen Urtheilen desto
mehr zu tadeln.

85. Es ist etwas eben so neidisches
als ungerechtes, eines andern Handlungen zu verkleinern: wenn ihr innerer Werth
sie unpartheyischen Gemüthern empfiehlt.

86. Nichts zeigt deutlicher sowohl die
Thorheit als Betrügerey der Menschen,
als diese Rippen und Wippen der Verdienste und Ehre ihres Nächsten.

87. Und wie gewiße Leute denken,
sie kämen zu kurz, wenn andere das ihnen
gebüh-

gebührende erhalten; so können sie kein
Ende an dergleichen Diebercyen finden,
um ihren eigenen Credit zu erhöhen.

88. Dieser Neid ist ein Kind des
Stolzes: und irrt sich eher im Geben als
im Nehmen.

89. Er giebt Mildthätigkeit für Prahlerey; Mäßigkeit für Geitz; Demuth für
List; und Wohlthätigkeit für ein Bestreben
aus, die Liebe des Volks zu gewinnen.
Kurz, seinem Vorgeben nach, muß die
Tugend ein listiger Anschlag, und Religion, ein bloser Eigennutz, seyn. Ja,
die allerbesten Eigenschaften dürfen nicht
ohne ein Aber passiren, womit er ihren
Werth durch Verdacht schmälert, und ihr
Lob herabwürdigt. Eine höchst niederträchtige Gemüthsart; deren Besitzer die
schlechtesten unter den Menschen sind.

90. Gerechte und edle Seelen hingegen erfreuen sich über das Wohlergehen ihres Nächsten, und helfen ihren Ruhm befördern.

91,

91. Und in der That fehlt es denen= jenigen nicht an Liebe zur Tugend, die sich an ihrer Belohnung ergötzen: und die= jenigen verdienen einen Antheil am Lobe des Verdienstes, die die Schmählerung dieses Lobes verabscheuen.

Das menschliche Leben.

92. Warum? sonst ist der Mensch weniger dauerhaft, als die Werke seiner Hände, als weil diese Welt nicht sein Ru= heplatz ist?

93. Und ein großer und gerechter Vorwurf ists für ihn, daß er sein Herz dahin hängt, wo er selber nicht bleiben kann.

94. Wäre es nicht viel weiser für ihn, sich mit denjenigen Werken zu beschäftigen, die ihn begleiten, ihm folgen werden, und sich eine Wohnung da zu bauen, wo die Zeit keine Macht weder über ihn noch über sie hat?

95. Eine betrübte Sache ists, daß der

der Mensch) so oft seinen Weg nach seiner besten und dauerhaftesten Heymat verfehlt.

Ehrgeitz.

96. Diejenigen, welche zu hoch fliegen, fallen oft desto härter: und darum verdient eine niedrige und ebene Wohnung den Vorzug.

97. Die höchsten Bäume sind der Gewalt der Winde; und Ehrgeitzige den Stürmen des Unglücks, am meisten ausgesetzt.

98. Sie werden am meisten gesehen, beobachtet, und beneidet; sind am wenigsten ruhig: und von ihnen spricht man am meisten, aber eben nicht oft, zu ihrem Vortheile.

99. Dergleichen Bauherren bedürfen vorzüglich ein gutes Fundament, da ihre Gebäude dem Wetter so sehr ausgesetzt sind.

100. Gute Werke sind ein Fels, der ihren Credit tragen wird: üble Werke hingegen, ein Sandgrund, der beym Ungewitter nachgiebt.

101.

101. Und wahrlich) sollten diejenigen kein Mitleiden in ihrem Falle erwarten, die während ihrer Macht und ihres Glücks, kein Erbarmen für die Unglücklichen hatten.

102. Ehrgeitz ist die schlimmste unter allen Gemüthskrankheiten: immer hungrig und dürstig, rastlos, und verhaßt; ein vollkommenes Delirium im Verstand: im Glücke unerträglich), und im Unglücke mißlungener Bestrebungen äußerst rachsüchtig.

Lob und Beyfall.

103. Wir pflegen das Lob zu lieben, aber es nicht gerne zu verdienen.

104. Wollen wir es aber verdienen, so müssen wir Tugend mehr lieben als Lob.

105. Wie keine Leidenschaft in uns geschwinder erregt, oder leichter verführt wird als Lobbegierde; so sollten wir auch, eben darum, über keine wachsamer seyn, sowohl beym Ertheilen als Empfangen des Lobes. Denn, auch wenn wir Lob aus-

theil-

theilen, muß es nicht nur von Herzen gehen, sondern auch dem Verdienste angemessen seyn.

106. Sind wir zu geizig damit, so
verrathen wir eine Nebenbuhlerey; sind
wir zu verschwenderisch damit, so äußern
wir Schmeicheley.

107. Ein gutes Maaß Lobes gebührt
guten Thaten: zu viel sieht zugleich eckelhaft und nicht aufrichtig aus. Ueberdem
kränkt man damit verdienstvolle Leute, die
schon erröthen, wenn sie ihr verdientes
Lob hören, wie vielmehr denn, wenn sie
mehr als das hören müßen.

108. Verdienstvollen Leuten fällt es
leichter, Beyfall zu verdienen, als ihn
anzuhören: und niemals setzen sie weder
in sich selbst, noch in den, der ihnen den
Beyfall giebt, so viel Mistrauen, als
wenn sie so viel davon hören.

109. Doch die Wahrheit zu sagen,
hiefür braucht man nicht sehr zu warnen:
denn die Welt läßt wirklichen Verdiensten
selten Recht genug wiederfahren.

110. Doch können wir auch nicht zu
behutsam seyn, wie wir Beyfall anneh=
men: denn wenn wir uns in einem fal=
schen Spiegel betrachten; so werden wir
uns gewiß in Ansehung desjenigen, was
uns gebührt, irren: und da wir nur all=
zuleicht eher dasjenige glauben, was uns
gefällt, als das, was wahr ist, so könn=
ten uns die windichte Complimenten der
Menschen auch zu leicht über die gehörige
Proportion aufschwellen.

111. Rechne daher immer bey sol=
chen Gelegenheiten etwas von dem was ge=
sagt wird, ab; oder du betrügst dich und
machst dich selber lächerlich.

112. Denn eine zu große Hochach=
tung für uns selber, leistet uns in vielen
Fällen und Stücken eine sehr mißliche Ge=
währschaft.

113. Wir erwarten mehr als uns
zukömmt: wir haschen alles, was man
uns giebt, ob es uns gleich nicht zugedacht
ist: und entzweyen uns mit denenjenigen,
die

die von uns nicht eben so sehr eingenom-
men sind, als wir selber.

114. Kurz, dieß ist eine Leidenschaft,
die unsere Beurtheilungskraft blendet, und
uns zugleich Gefahren und Spöttereyen
aussetzt.

115. Liebe demnach das Lob nicht zu
sehr; sondern strebe nach Tugend, die zum
Lobe führt.

116. Hüte dich aber auch, daß du
dein Verdienst eben so wenig zu gering als
zu hoch schätzest: denn wiewohl Demuth
eine Tugend ist, so ist doch eine bloß affe-
ctirte und heuchlerische Demuth, keine
Tugend.

Verständiges Betragen beym Sprechen.

117. Forsche oft, aber urtheile selten, so wirst du dich auch selten irren.

118. Lernen ist sicherer als Lehren:
und wer seine Meynung verschweigt, hat
nichts zu verantworten.

119. Eitelkeit oder Zorn verleiten uns oft zu viel zu reden; und sehr wahrschein= licher Weise werden wir dadurch einbüssen: denn jene verräth einen Mangel an Ver= stand und Demuth, und dieser, an Mäßi= gung und Vorsichtigkeit.

120. Nicht, als ob ich die Zurück= haltenden verehrete; denn diejenigen, mit denen man nicht umgehen kann, kommen Einfältigen nahe. Ist aber das Zurück= halten jemals eine Tugend, so ist sie's in zu großen oder in bösen Gesellschaften.

121. Auch hüte dich für dem Affe= ctiren im Reden: oft schadet es den Ge= danken: und immer zeigt es eine blinde Seite.

122. Sprich schicklich, und in so we= nig Worten als du kannst: aber allezeit deutlich: denn der Endzweck des Redens ist nicht Prahlen, sondern, daß man ver= standen werde.

123. Diejenigen, die sich mehr um ihre Worte als um den Stoff bekümmern,

werden

werben den wenigen, den sie haben, vol=
lends einbüssen.

124. Wer Verstand hat, findet im=
mer Worte genug, sich auch andern ver=
ständlich zu machen.

125. In gewissen Unterredungen
gehts aber nur allzu oft, wie in Apo=
thecken; daß leere, oder mit geringen Klei=
nigkeiten angefüllte Büchsen, eine eben so
grosse Parade machen, als die, so die
kostbarsten Arzneyen enthalten.

126. Dies mühsame Aufputzen un=
bedeutenden Stoffs mit zierlichen Wen=
dungen und Redensarten ist eckelhaft;
und schlechter als die jetzigen Nachahmun=
gen Ostindischer Tapeten und Güter, in
Stoffen und Leinwand. Kurz, es ist blo=
ses und nichtswürdiges Gewäsche.

Vereinigung der Freunde.

127. Diejenigen, deren Liebe sich
nicht auf die Welt einschränkt, können auch
durch die Welt nicht getrennt werden.

128. Was unsterblich ist, kann der Tod nicht tödten.

129. Auch können Geister nie getrennt werden, die in der natürlichen Grundkraft, der Wurzel und dem Zeugen ihrer Freundschaft, lieben und leben.

130. Ist Abwesenheit kein Tod; so ist auch ihre keiner.

131. Sterben ist blos über die Welt gehen, wie Freunde über See; sie leben doch immer noch in einander.

132. Denn diejenigen, die im Allgegenwärtigen lieben und leben, können nicht anderst als einander gegenwärtig seyn.

133. In diesem göttlichen Spiegel sehen sie einander von Angesicht zu Angesicht; und ihr Umgang ist sowohl frey als rein.

134. Dies ist der Trost der Freunde, daß, ob man gleich sagen kann, sie sterben, doch ihre Freundschaft und Ge-

sell-

ſellſchaft, im beſten Sinne des Worts, einander immer gegenwärtig ſind, weil ſie unſterblich ſind.

Begnügſamkeit.

135. Ein Glücke iſts, von einem ſpitzfündigen Gemüthe, ſo wie von einem leckerhaften Gaumen frey zu ſeyn.

136. Denn ſpitzfündig ſeyn, iſt nicht nur eine beſchwerliche ſondern ſogar ſklaviſche, Sache.

137. Die, welche zu ihrem Genuſſe und ihrem Vergnügen ſo viel erfordern, ſchmälern ihre eigene Freiheit und Vergnügen.

138. Begnügſamkeit iſt ein großer Theil des Vergnügens des Lebens: aber ſpitzfündigen Gemüthern wird es immer daran fehlen.

139. Eine gemeine und nicht delikate Erziehung und Angewohnheit, iſt alſo viel beſſer als eine delikate und feine.

140. Und wer gewohnt ist, sich mit wenigem zu behelfen, hat der Vorsorge seines Vaters mehr zu danken, als der, dem sein Vater ein grosses Vermögen hinterläßt.

141. Kinder kann man schwerlich zu arbeitsam und zu begnügsam erziehen und gewöhnen: Denn dies setzt sie nicht nur in den Stand, die rauhesten Schiksale zu ertragen, sondern befördert auch ihre Thätigkeit und Gesundheit.

142. Ja, es ist gewiß, daß die Freiheit der Seele dadurch sehr befördert und erhalten wird: denn auf diese Art herscht sie, an statt zu dienen, und eine Sklavinn sinnlicher Lüste zu seyn.

143. Wie die Natur sich mit wenigem begnügt, so sind auch so erzogene Menschen bald zufrieden.

144. Das Gedächtniß der Alten verdient schwerlich in irgend einem Stücke mehr gerühmt zu werden, als wegen ihrer strengen und nützlichen Kinderzucht.

144. Durch Arbeit beugten sie der
Ueppigkeit bey ihren Kindern und Jugend
vor, bis Weisheit und Philosophie sie ge-
lehrt hatten, Ueppigkeit zu bekämpfen
und verachten.

146. Ein großer Fehler muß es also seyn, sich so sehr um die Vergnügung
unsrer Leiber zu beeifern, und in Ansehung der Freiheit unserer Seelen so unempfindlich und unbesorgt zu seyn.

Des Menschen Unbedachtsamkeit
und Partheylichkeit.

147. Etwas sehr auffallendes ists,
daß wir, wenn unsere bürgerliche Rechte
angetastet und geschmälert werden, so
äusserst empfindlich sind, und alles mit
unsern Klagen und Beschwerden anfüllen:
Da wir doch zu eben der Zeit, uns selber,
den besten und edelsten Theil unserer selbst,
in die Leibeigenschaft und Sklaverey der
Sünde, des schlimmsten von allen Ty-
rannen, erniedrigen.

148. Umſonſt erwarten wir, von dergleichen Bedrängnis befreyt zu werden, ſo lange wir nicht von ihrer Urſache, unſerem Ungehorſam gegen GOtt befreyet ſind.

149. Wenn wir ihm leiſten, was wir ihm ſchuldig ſind, denn wirds noch Zeit genug für ihn ſeyn, und zu demjenigen zu verhelfen, was wir, einander ſelber ſchuldig ſind.

150. Ein großes Glück iſts für uns, (wenn wir es nur verſtünden,) daß uns dergleichen Hinderniſſe auf dem Wege unſeres zeitlichen Vergnügens aufſtoßen: Weil wir ſonſt den Geber vergeſſen, die Gabe anbeten, und unſer höchſtes Glück hier ſuchen möchten, wo es nicht zu finden iſt.

151. Unſer Verluſt hiernieden, wird oft durch unſere Sünden zu Strafgerichten, und durch die Buße zu Gnadenbezeugungen.

152. Ueberdem, zeigt es eine große Thorheit von Seiten der Menſchen an,

daß

daß fie fich über irgend einen zeitlichen Ge-
genftánd mehr erfreuen, als er eigentlich
werth ift: denn der Verdruß über mislun=
gene Erwartungen, richtet fich nicht nach
dem eigentlichen Verlufte, fondern nach dem
zu hohen Werthe, den wir der verlohrenen
Sache beylegen.

153. Und fo vermehren die Menfchen
ihr eigenes Elend, blos, weil fie das, was
fie genießen oder verliehren, nicht richtig
und vernünftig zu fchätzen wiffen oder
pflegen.

154. Bey allen Dingen in diefer
Welt müffen wir einen Befehl und eine
Warnung; und zwar, bey unvermeidlicher
Strafe, beobachten: námlich, wir müffen
vor allen Dingen GOtt lieben, und in al=
len unfern Handlungen ein Gericht, das
jüngfte, vor Augen behalten.

Richtfchnur der Urtheile.

155. In allem follte die Vernunft
herfchen: etwas ganz anderes iftš, hart=

nácfig,

näckig, und etwas ganz anderes, ſtand-
haft zu ſeyn.

156. Standhaftigkeit kann vernünftig, Hartnäckigkeit aber muß immer ei-
genſinnig ſeyn.

157. In ſolchen Fällen trägt es ſich
immer zu, daß, je handgreiflicher der Be-
weis, je größer die Hartnäckigkeit iſt, wo
man ſichs Einmal vorgeſetzt hat, ſich nicht
überzeugen zu laſſen.

158. Dies heißt, ſeine Laune höher
ſchätzen als Wahrheit; und einen düſter-
nen Stolz einem vernünftigen Nachgeben
vorziehen.

159. Eine Ehre für den Menſchen
iſts, der Wahrheit nachzugeben: ſo wie
es Gutartig iſt, ſich leicht erbitten zu
laſſen.

160. Thiere laſſen ſich von ihren
Sinnen regieren: der Menſch ſollte der
Vernunft gemäß handeln; ſonſt iſt er ein
dümmeres Thier als GOtt jemals geſchaffen hat: und beſtätigt das Sprüchwort:

”Das

”Das Verderbniß der besten Dinge, ist
”das schlimmste und eckelhafteste Ver=
”derbniß.”

161. Eine vernünftige Meynung
läuft immer die meiste Gefahr, wo die
Vernunft nicht die Richterinn ist.

. . 162. Der Erziehung und der Tradi=
tion unserer Väter sind wir zwar Achtung
schuldig: aber Wahrheit wird doch immer
den Vorzug fordern und verdienen.

163. Wenn wir, wie Theophilus und
Timotheus, in der Erkenntniß des Besten
sind erzogen worden, so ist's ein Vortheil
für uns; aber weder das Beste noch wir
selber können etwas durch Prüfung der
Wahrheit, einbüssen: denn auf diese Art
erfahren wir seinen und ihren innern
Werth.

164. Wahrheit hat noch nie etwas
durch Prüfung, eingebüßt; weil sie, unter
allen Dingen, der Vernunft am meisten
gemäß ist.

165.

165. Auch braucht das was selbst=
evident ist, keine andere Gewährschaft.

166. Ist meine eigene Vernunft auf
der Seite eines Grundsatzes, womit kann
ich ihn bekämpfen oder ihm widerstehen?

167. Und wollten die Menschen ein=
ander nur vernünftig schätzen, so würden
sie ihre Zwistigkeiten entweder beylegen,
oder wenigstens auf eine freundschaftlichere
Art behandeln.

168. Man lasse also das, was die
meisten Gründe für sich hat, zur Richt=
schnur dienen, wiewohl dieses ein jeder für
sich selber beurtheilen muß.

169. Die Vernunft, ist, wie die
Sonne, allen gemein: und blos, weil wir
nicht alles im nämlichen Lichte und nach
dem nämlichen Maasstabe prüfen, sind
wir nicht alle gleich gesinnt: denn alle
haben die Vernunft hiezu bekommen, ob=
gleich nicht alle sie hiezu gebrauchen.

Forma=

Formalität.

170. Form ist gut, aber nicht For-
malität.

171. Im Gebrauche der besten Form
schleicht sich, wie ich sorge, zu viele For-
malität ein.

172. Es ist schlechterdings nöthig,
daß man sich dieses Unterschieds bey seiner Andacht erinnere: denn zu viele Menschen sind geneigter, sich auf das, was sie
thun, als wie sie ihre Pflicht thun, zu
verlassen.

173. Bedächte man, daß es die Gemüthsverfassung ist, die unsere Werke
wohlgefällig macht, so würden wir mehr
auf unsere inwendige Vorbereitung, als auf
unsere äusserliche Handlung bedacht seyn.

Unsere niedrige Begriffe von GOTT.

174. Nichts zeigt deutlicher den niedrigen Zustand, worein der Mensch verfal-
len

len ist, als der unanständige Begriff, den wir, unsern Mitteln nach, ihm gefallen zu wollen, vor ihm hegen müssen.

175. Als ob ihm etwas daran läge, daß wir so viele Ceremonien und äusserliche Andachtsformeln beobachteten; da er doch damit niemals weiter sich vorsetzte, als unsern Gehorsam zu prüfen, und vermittelst ihrer uns etwas vortreflicheres und dauerhafteres zu zeigen.

176. Etwas zugleich thun und wieder vereiteln, taugt nichts.

177. Was hilft es, unser Gebet ordentlich zu verrichten, in die Kirche zu gehen, das Sakrament zu empfangen oder auch zu beichten; ja den Priester zu bewirthen, und den Armen Almosen zu geben; dabey aber zugleich zu lügen, fluchen, schwöhren, sich betrinken, geitzig, habsüchtig, unkeusch, stolz, rachsüchtig, eitel oder müßig zu seyn.

178. Kann eines das andere entschuldigen oder vergüten? Oder wird GOtt denken,

denken, wir dienen ihm wohl, wenn man sein Gesetz so übertritt? Oder wir behandeln ihn recht, wenn unser Gottesdienst so viel mehr Gepräng als Wesentliches enthält?

179. Ein höchst gefährlicher Irrthum ist's, wenn sich jemand einbildet, er wolle die Uebertrettung einer moralischen Pflicht, durch eine förmliche Verrichtung eines positiven Gottesdienstes vergüten; und wenn dieser noch dazu von einer blos menschlichen Erfindung wäre!

180. Unser gesegneter Heiland unterschied und entschied diesen Fall höchst richtig und deutlich, da er zu den Juden sagte: "Diejenigen, die den Willen seines "Vaters thäten, seyen seine Mütter, seine "Brüder, und seine Schwestern."

Vorzug der Gerechtigkeit.

181. Die Gerechtigkeit ist eine große Stütze der Gesellschaft, weil sie einem jeden sein Eigenthum sichert. Wird sie verletzt,

M   letzt,

letzt, so hört die Sicherheit auf; und alles geräth in Verwirrung, bis man sie wieder erlangt.

182. Ein ehrlicher Mann ist ein sicheres Pfand im Handel und Wandel: und wo dies zu bekommen ist, wird man sich gewiß darum bemühen.

183. Viele sind blos aus Zwang ehr= lich: andere blos aus Noth, nicht ehrlich: aber einem so ehrlichen Mann ist man kei= nen Dank schuldig: und ein so nicht ehrli= cher, verdient Mitleiden.

184. Wer aber aus Gewinnsucht be= trügt, ist fast so schlimm als ein Räuber, und verdient eine exemplarische Strafe.

185. Und in der That giebt es we= nige Gewerbs=Leute, die nicht hierinn feh= leten; dies macht das Handeln schwehr und zu einer großen Versuchung für tu= gendhafte Leute.

186. Handels=Leuten ists nicht dar= um zu thun, was sie gewinnen sollten, sondern was sie gewinnen können: sie

müssen

müſſen Gebrechen der Waaren verhehlen, Betheurungen von ihrer Güte oder Werth thun, die ſie nicht verdienen, und die Unwiſſenheit oder das Bedürfniß des Käufers täuſchen, blos um eines ungerechten Gewinnſtes wegen.

187. Dies ſind die Leute, die ihrer eigenen Abſichten wegen, ihr Wort halten, und blos aus Furcht für der Obrigkeit ehrlich ſind.

188. Eine eher politiſche als moraliſche Ehrlichkeit; eine erzwungene nicht gutwillige Gerechtigkeit; wie das Sprüchwort ſagt: "Patience par force ; und ich danſ "ke Euch, für nichts. "

189. Aber unter allen Ungerechtigkeiten iſt das die größte, die unter dem Namen und Deckmantel der Geſetze verübt wird. Ein Beutelſchneider in Weſtminſter=Hall, (den Ober=Gerichtshöfen) iſt unter allen der ärgſte: denn dieſe macht Ungerechtigkeit, zur Unterdrückung, wenn man ſich aufs Geſetz beruft, um das zu thun, was Geſetze beſtrafen ſollten.

M 2   Eifer=

Eiferſucht.

190. Eiferſüchtige Leute ſind andern beſchwerlich, und ſich ſelber eine Qual.

191. Eiferſucht iſt eine Art Bürger= kriegs in der Seele, wo Verſtand und Ein= bildungskraft einander unaufhörlich be= kämpfen.

192. Dieſer Bürgerkrieg in der See= le, richtet wie der im Staatskörper, groſ= ſe Unordnung und Verheerungen an.

193. Nichts iſt für ihm ſicher: Na= tur, eigener Vortheil, Religion, alles muß ſeiner Wuth weichen.

194. Sie verletzt Verträge, löſt die Bande der Geſellſchaft auf, trennt Ehen, verräth Freunde und Nachbarn: niemand iſt in ihren Augen gut, und ihrem Wahne nach thut oder denkt ein jeder ihr irgend einen Schaden.

195. Sie enthält ein Gift, das al= lenthalben, wo ſie beißt, mehr oder weni= ger um ſich frißt: und wie ſie bloſe Ein=

bildun=

Bildungen und Träumereyen für Thatsachen ansieht, so zerrüttet sie oft ihr eigenes Haus sowohl als anderer Leute Häuser.

196. Sie entspringt aus Lasterhaftigkeit oder Bosheit; sieht ihre eigene im Spiegel zurückprallende Züge und Fehler für anderer Leute ihre an: wie ein Gelbsüchtiger andre Leute für gelb ansieht.

197. Ein Eifersüchtiger sieht nur sein eigenes Gespenst, wenn er, andere Leute ansieht, und schildert sich selber wenn er sie schildern will.

Staat oder Pracht.

198. Ich liebe Dienste, aber keine Pracht: jene sind nützlich, diese ist überflüßig.

199. Sowohl die Beschwerlichkeit als Kosten der Pracht sind reell; ihr Vortheil hingegen ist blos eingebildet.

200. Außerdem hilft sie, uns einbildisch machen, und vermehrt unsere Versuchung zu Unordnungen.

201.

201. Die geringste Fehler oder Nach=
läsigkeiten machen uns verdrüßlich: und
wir sind geneigt zu glauben, wir werden
schlecht bedient, in Sachen, die wirklich
keinen Nutzen haben; oder wir werden
um so viel besser als andere Leute bedient,
je größer unser Vermögen, Pracht zu
treiben ist.

202. Alles dies rührt aber aus ei=
nem Mangel an Weisheit her, die das
wahreste und nachdrüklichste Ansehen ge=
währt.

203. Wer sich selber nicht durch un=
besonnenen Umgang erniedrigt, weis sich
überall Ansehen genug zu geben.

204. Das übrige ist vielmehr Tand
als Staat.

Ein guter Dienstbothe.

205. Ein getreuer und ein guter
Dienstbothe sind Einerley.

206. Kein Dienstboth ist aber ge=
treu, der seinen Herrn betrügt.

207.

207. ,Nun giebts aber viele Arten
einen Herrn zu betrügen: zum Exempel,
um Zeit, Sorgfalt, Arbeit, Ehrerbie=
thung und Ehre, so wohl als um Geld.

208. Wer seine Arbeit vernachläs=
sigt, der bestiehlt seinen Herrn, weil er
eben so wohl ernährt und bezahlt wird,
als ob er sein Bestes thäte: und wer in
der Abwesenheit seines Herrn nicht eben
so fleißig ist, als in seiner Gegenwart,
der kann kein getreuer Dienstbothe seyn.

209. Auch ist derjenige kein getreuer
Dienstbothe, der theuer einkauft, um den
Gewinn mit dem Verkäufer zu theilen.

210. Auch derjenige nicht, der aus
dem Hauße plaudert; oder in seines
Herrn Namen, andern Leuten nieder=
trächtig begegnet; oder anderer Leute
Müßiggang, Verschwendung der Güter
seines Herrn, oder schimpfliche Nachreden
über ihn, übersiehet.

211. Folglich ist ein getreuer Dienst=
bothe fleisig, verschwiegen, und ehrerbie=
M 4   thig;

thig; und forgfältiger auf die Ehre und
den Vortheil seines Herrn, als auf seinen
eigenen Nutzen bedacht.

212. Ein solcher Dienstboth macht
sich verdient; und ist er bey seinem Ver=
dienste noch bescheiden, so sollte sein Herr
ihm reichlich dafür lohnen.

Unmäßige Weltsorgen.

213. Es verräth ein verderbtes Ge=
müth, wenn man sich sehr abkümmer.
und sorgt, um das was man nicht bedarf.

214. Einige Leute sind so sehr auf
Reichthum erhitzt, als sie jemals aufs
Leben selber begierig sind: so sehr auf Ue=
berfluß, als auf ihren Lebens Unterhalt.

215. Daß aber Reichthum seine Be=
sitzer noch habsüchtiger macht, ist eine
verkehrte Sorgsamkeit: und doch werden
die meisten Reichen eben durch ihre Reich=
thümer verderbt und unglüklich.

216. Daß aber alte Leute die Hab=
sucht am weitesten treiben, ist etwas selt=

sames;

fames: Denn insgemein liegt denen die ihrem Grabe am nächsten sind, auch ihr Geld am meisten am Herzen: gleich als ob ihre Liebe dazu, desto grösser würde, je wenigere Zeit sie noch zu dessen Genusse übrig haben: und doch ist ihr Vergnügen, ohne Genuß; denn niemand genießt, was er nicht brauchen kann.

217. So, daß sie, an statt zu lernen, wie sie ihr großes Vermögen leicht verlassen möchten, es nur desto fester halten, weil sie es verlassen müssen: so niederträchtig sind gewisse Leute gesinnt!

218. Wo die Mildthätigkeit mit dem Erwerbe anwächßt, da ist der Fleiß gesegnet. Aber sklavenmäßig darum zu arbeiten, und es niederträchtiger Weise einzusperren, ist eine Sünde wider die Vorsehung, ein Verbrechen gegen den Staat, und eine Ungerechtigkeit gegen den Nächsten.

219. Dergleichen Leute wenden nicht Ein fünft Theil ihres Einkommens auf;

M 5 und

und geben vielleicht nicht einmal Ein
zehent Theil ihres Aufwandes an die
Armen.

220. Dies ist die schlimmste Art Ab=
götterey: weil gar keine Religion dabey
statt findet, und man sie nicht mit Un=
wissenheit entschuldigen kann; und weil
sie andern Leuten, die einen Antheil an
den Gütern bekommen sollten, denselben
vorenthält.

Vom Antheile der dem Publikum von unserem Vermögen gebührt.

221. Schwerlich ist uns etwas ver=
liehen, woran das Publikum nicht einen
Antheil fordern dürfte. Allein für alles,
was wir unser Eigenthum heissen, sind
wir GOtt, am meisten Rechenschaft schul=
dig: so wie dem Publikum von unserem
Vermögen; und alles für uns selber an=
zuhäufen und einzusperren, ist eine große
Ungerechtigkeit und Undankbarkeit.

222.

222. Wäre ein jeder in so ferne gleichsam ein Pachter für das Publikum, daß sein überflüßiger Gewinn und Aufwand zu den Bedürfnissen des Staates angewendet würde, so würden Taxen aufhören, kein Mensch betteln dürfen, und die größte Bank für eine National-Handlung, in Europa daraus entstehen.

223. Ein Strafgericht und eine wahre Schwachheit ists, wie wohl wirs nicht einsehen wollen, daß wir die Sachen am verkehrten Ende anfangen.

224. Sind die Auflagen die wir bezahlen nicht zum Unterhalte des Stolzes bestimmt; so würde es sicherlich wenigere Auflagen geben, wenn man zum besten der Regierung, Taxen auf Stolz und Pracht legte.

225. Ich gestehe es, ich habe mich gewundert, daß so viele erlaubte und nützliche Dinge durch Geseze tarirt sind, und daß man Stolz und Pracht frey über Geseze und das Publikum herschen läßt.

226.

226. Da ſich aber die Leute mehr
für menſchlichen als für göttlichen Geſezen
fürchten, weil die Uebertretung menſch=
licher Geſeze am geſchwindeſten beſtraft zu
werden ſcheint; ſo weis ich nicht, wie
man Obrigkeiten entſchuldigen kann, daß
ſie dergleichen Ausſchweifungen ohnge=
ahndet laſſen.

227. Unſere edelmüthige Engliſche
Patriarchen, und Patrioten ſahen dies
Uebel ſo wohl ein, daß ſie verſchiedene vor=
trefliche ſogenannte Aufwands=Geſetze ga=
ben; um die Pracht des Volks zu verbie=
ten, oder wenigſtens einzuſchränken: und
wie die Vollziehung dieſer Geſetze ein Vor=
theil und eine Ehre für uns ſeyn würde,
ſo muß auch ihre Vernachläſigung ein ge=
rechter Verluſt und eine Unehre für uns
ſeyn.

228. Es iſt nicht mehr als billig,
daß die Strafen des Stolzes und Ueber=
muths das ihrige zum Unterhalte der Re=
gierung beytragen ſollten: weil dieſe ſonſt
unfehl=

unfehlbar dadurch zu Grunde gerichtet
werden würde.

229. 'Aber, sagen einige, dieß wür-
' de die Handlung zu Grunde richten, und
' die Armen dem Staate lästig machen;'
Wenn aber so eine Handlung durch ihre
Folgen das Reich zu Grunde richtet, ists
nicht hohe Zeit, diese Handlung zu Grunde zu richten? Ist Mäßigung kein Theil
unserer Pflicht? Oder ist Mäßigung, der
Regierung schädlich?

230. Der ist ein Judas, der um
Geld zu erwerben, alles thut und leidet.

231. Eine Handlung dulden, die
das Volk weichlich macht, und die alte
Zucht und Ordnung des Volks antastet,
ist ein Hauptverbrechen, und sollte von
der Regierung nicht entschuldigt, sondern
vielmehr strenge bestraft werden.

232. Giebts denn keine bessere Arbeiten für die Armen, als der Ueppigkeit
der Reichen zu fröhnen? Unglückliches
Volk!

233. Was thaten sie denn, ehe sie auf diese verbottene Mittel verfielen? Giebts in Engelland nicht Ländereyen genug anzubauen, und mehrere und bessere Manufakturen zu treiben?

234. Können wir unsere Armen nicht in unsern Kolonien, mit Arbeiten beschäftigen, die die Handlung, ohne die Ueppigkeit befördern?

235. Kurz, man lasse den prächtigen Stolz zahlen, und lege starke Auflagen auf Ausschweifungen: und wenn das Volk nicht dadurch kurirt wird, so wirds doch wenigstens das Reich erhalten helfen.

Der Eitle.

236. Aber ein eitler Mensch ist ein eckelhaftes Geschöpf: er ist so voll von sich selber, daß er für nichts anderes, so gut oder verdienstvoll es auch seyn mag, einigen Raum mehr hat.

237.

237. Jeden Augenblick ist's sein werth Ich, das dieses thut, und jenes thun kann. Und wie er ein großer Liebhaber von Vergleichungen ist, so unterläßt er ja nicht, sich einem jeden andern vorzuziehen: nach dem Sprüchworte: "Alle seine Gänse sind Schwanen."

238. Gewiß diejenigen sind zu bedauren, die sich zu Hauße so sehr irren können.

239. Und doch habe ich bisweilen gedacht, daß dergleichen Leute gewisser massen glüklich seyn, denen nichts ihre Hochachtung für sich selber, nehmen kann, ohnerachtet sie anderer Leute ihre weder haben noch verdienen.

240. Zugleich muß man sich aber doch auch wundern, daß sie die Stöße, nicht fühlen, die sie sich selber geben, oder von andern dieser unerträglichen und lächerlichen Gemüthsart wegen bekommen; und daß sie nicht die geringste Verlegenheit über dasjenige äussern, was andern

beth für und über sie erröthen macht: über ihre unvernünftige Dreistigkeit.

241. Jemands Hofnarr zu seyn, ist schon schlimm genug: der eitle Mensch aber ist jedermanns Narr.

242. Diese alberne Denkungsart entsteht aus einer Vermischung von Unwissenheit, Dreistigkeit und Stolz: und je nachdem mehr oder weniger Stolz dabey ist, je mehr oder weniger ist sie verhaßt oder kurzweilig.

243. Und doch ists vielleicht das schlimmste bey dieser Eitelkeit, daß sie sich nicht belehren läßt. Man sage ihr irgend was; so hat sie es gewiß schon lange vorher gewußt: sie rennt allem Unterricht und aller Lehre zuvor; oder prahlt noch wohl selber damit.

244. Wenn die weisesten Männer am meisten zweifeln, am bereitwilligsten sind zu lernen, und mit sich selber am wenigsten zufrieden sind: so ists dagegen

der

der Eitle mit sonst niemand als mit sich selber.

245. Denn ohnerachtet die Weisesten, auf einem höhern Grunde stehen, und folglich weiter sehn als ihre Nachbarn, so werden sie doch eben durch ihren Prospekt gedemüthiget: weil dieser ihnen etwas so viel höheres und ihnen unerreichbares zeigt.

246. Und wahrlich, alsdenn glänzt dieser Verstand in seiner größten Schönheit, wenn er in Demuth eingefaßt ist.

247. Ein demüthiger verständiger Mann ist ein Kleinod, das ein Königreich werth ist, oft wird es von ihm errettet, so wie Salomo's armer weiser Mann die Stadt rettete.

248. Möchten wir mehrere solche Weisen, oder ihrer weniger nöthig, haben!

N   Der

Der Conformist.

249. Vernünftig ists, mit andern übereinzustimmen, wo das Gewissen es nicht verbietet: denn Conformität ist wenigstens eine bürgerliche Tugend.

250. Aber nur da wo es schlechterdings nothwendig ist, sollten wir darauf dringen: in andern Stücken könnte es ein Fallstrik oder eine Versuchung seyn, der Gesellschaft zu entsagen.

251. Vor allen Dingen aber ists eine Schwachheit in der Religion und Staatskunst; wenn man die Begierde alles über Einen Leist zu schlagen, bis auch an sich selber gleichgültige Dinge treibt: Denn ausserdem, daß sie Gewissens Skrupel verursacht, muß auch die Freiheit ihr immer aufgeopfert werden.

252. Dergleichen Conformisten haben keine große Ursache, sich zu rühmen: und eben deswegen noch wenigere Ursache andere freyer Denkende, zu tadeln.

253.

253. Und doch ist derjenige Frey=
denkende, den ich liebe, nur in Absicht
auf Menschen Liebe ein Freydenker; denn
die Freyheit, die ich empfehle, ist keine
Zweifelsucht im Beurtheilen, und noch
weniger im Ausüben.

Dank den die Grossen dem Allmäch=
tigen schuldig sind.

254. Es scheint nicht mehr als bil=
lig, daß diejenigen, die GOtt durch seine
Güte vor andern ausgezeichnet hat, sich
selber durch ihre Dankbarkeit gegen ihn
auszeichnen.

255. Denn ohnerachtet er alle Völ=
ker von Einem Geblüte gemacht hat, so
hat er sie doch nicht in Einen nämlichen
Rang oder Stand, sondern in eine Art
von Unterordnung und Abhängigkeit
gesetzt.

256. Sehen wir empor, so finden
wir diese Ungleichheit am Himmel, wo
die Planeten ihre verschiedene Grade von

Herr=

Herrlichkeit, und so auch die andern Gestirne, ihre Verschiedenheit an Grösse und Glanz haben.

257. Sehen wir auf die Erde, so finden wir die nämliche Ungleichheit unter den Bäumen des Waldes, von der Ceder bis zur Staude; unter den Fischen, vom Leviathan bis zur Grundel; in der Luft, vom Adler bis zum Sperling; unter den Thieren, vom Löwen an bis zur Katze; und unter den Menschen, vom König an bis zum Schuhputzer.

258. Unsere Hohen würden ohne Zweifel vom weisen Schöpfer der Welt, zu unsern Religions= Moralischen und Politischen Planeten, zu Lichtern und Wegweisern, für die niedrigern Stände der zahlreichen menschlichen Gesellschaft, so wohl durch Unterricht als durch Bey= spiel, bestimmt: auch wird ihnen ihre Mühe sehr wohl belohnt; da ihnen die Ehrerbietung und Dienste ihrer Mitmenschen, und das Mark und Fett der Erde zu Theil geworden sind.

259.

259. Iſts aber nicht eine höchſtun=
begreifliche Thorheit, daß Menſchen ſich
der nämlichen göttlichen Verfügungen,
die ſie demüthigen ſollten, überheben,
oder ſich ſelbſt deſto höher ſchätzen, an
ſtatt desjenigen, der ſie ſo weit über an=
dere erhoben hat; oder anſtatt daß ſie ſich
wirklich auch in ihrem Lebens und Tu=
gendwandel, zum Danken für ſeine auſ=
ſerordentliche Huld, über andere Men=
ſchen hervorthäten?

260. Aber das iſt uns zu ähnlich;
daß wir im Erwerbe und Gebrauche unſerer
Reichthümer und Macht, nur an uns ſel=
ber denken: da ſie doch nur Vorzüge ſind,
durch welche der Himmel unſere Weisheit,
Mildthätigkeit und Dankbarkeit prüft.

261. Eine gefährliche Verkehrung
der Abſichten der Vorſehung iſts, die
Zeit, Macht, und Reichthümer, die ſie
uns verliehen hat, auf Befriedigung un=
ſerer niedrigen Lüſte zu verſchwenden,
anſtatt gute Haushälter, zur Ehre unſe=
res groſſen Wohlthäters und zum Beſten

unſe=

unserer Nebenmenschen und Mitgeschöpfe
zu seyn.

262. Es ist aber auch eine Unge=
rechtigkeit: Denn diese höhere Stände
unter den Menschen sind vom Himmel
blos zu Vormündern zum Vortheile der
Geringern eingesezt; die wie Minderjäh=
rige ein Recht auf alle Vorsorge von Sei=
ten ihrer Vormünder haben.

263. Denn obgleich GOtt einige
Menschen über ihre Brüder erhöhet hat,
so that er es doch nicht, damit sie ihren
Lüsten desto besser fröhnen; sondern da=
mit sie dem Staate mit Vergnügen die=
nen möchten.

464. Eben darum ohne Zweifel
wurden sie über alle Nahrungssorgen er=
höht, damit sie desto mehr Zeit und Fä=
higkeit haben möchten, für andere zu sor=
gen. Und gewiß, wo die Geschenke der
Vorsehung nicht hiezu angewendet wer=
den, da werden sie unterschlagen und
verschwendet.

265. Oft hat es sehr ernstliche Ge=
danken

banken in mir erregt, wenn ich die grosse
Ungleichheiten in der Welt betrachtete;
daß Ein Mensch so eine Menge seiner Ne=
benmenschen zu seinen Knechten und Auf=
wärtern haben soll, die doch auch eben so
wohl wie er, unsterbliche Seelen zu retten
haben: und zwar, daß sie ihm nicht etwan
zu wirklichen und nöthigen Geschäften,
sondern blos zum Staate aufwarten? ge=
wiß, eine armselige Anwendung seines
Geldes, und ihrer Zeit!

266. Daß aber irgend ein Mensch
sollte so vielen andern Menschen mit ihm
allein zu schaffen machen, oder vielmehr,
daß er sie von wirklicher nützlicher Arbeit
abhalten sollte, blos um ein zahlreiches
Gefolg zu haben, dies ist ein Leichtsinn
und eine Ueppigkeit, welche Religion so=
wohl als Staatskunst sehr mißbilligen
müssen.

267. Allein, auch in erlaubten Dien=
sten, ists doch ein demüthigender Gedanke,
der die Dankbarkeit der Hohen gegen den=
jenigen, der ihren Stand um so viel besser

N 4   gemacht

gemacht hat, erregen, und den Gebrauch
ihrer Macht und Herrschaft über ihre
Nebenmensche mäßigen sollte.

268. Wenn die armen Indianer ir=
gend einen von unsern Dienstboten einen
Knecht heißen hören, so rufen sie aus:
"Was! seine Brüder Knechte heißen!
Wir heißen unsere Hund, Knechte, aber
nimmermehr Menschen!" die Lehre kann
uns gewiß nichts schaden, sondern uns leh=
ren, uns von unserer Höhe herab zu las=
sen, und die Anzahl unserer Diener einzu=
schränken.

269. Und was von ihrer Ausschwei=
fung gesagt worden, läßt sich gewißermaß=
sen, auch auf andere Zweige von Ueppig=
keit anwenden, die den Niedrigern böse
Beyspiele geben, und den Dürftigen ihren
Lebensunterhalt und ihre Versorgung
rauben.

270. GOtt der Allmächtige rühre die
Herzen unserer Hohen zu einem Gefühle
seiner vorzüglichen Güte gegen sie, und
der wahren Absicht derselben: damit sie
sich

ſich in ihrem Betragen beſſer auszeichnen, zur Ehre deßjenigen, der ſie ſo gnädig erhöhet hat, und zum Nutzen ihrer Mitgeſchöpfe!

Vom Grübeln über anderer Leute Handlungen und Intereſſe.

271. Dieß ſcheint das Meiſterſtück unſerer Politiker zu ſeyn; aber niemand ſchießt mehr auf Gerathewohl als eben dieſe Grübler.

272. Eine bloſe Lotterie und Wagſpiel! da die wahre Triebfeder der Handlungen der Menſchen eben ſo unſichtbar iſt, als ihre Herzen; und als auch ihre Gedanken von ihrem jederſeitigen Intereſſe ſind!

273. Wer andere Menſchen nach ſich ſelber beurtheilt, trifft das Ziel nicht allemale: weil nicht alle Menſchen die nämliche Fähigkeit, die nämliche Leidenſchaften, noch Intereſſen haben.

274. Grübelt ein fähiger Kopf dem Verfahren eines gemeinen Kopfs nach,

N 5 und

und schätzt er's nach seinem eigenen; so muß er's allezeit verfehlen: noch mehr aber der gemeine Kopf, wenn er meynt, die Beweggründe und Absichten der Handlungen eines fähigen Kopfs ergründen zu können. Denn der fähige Kopf täuscht sich selber, in dem er den andern in Ansehung seines Beweggrundes für weiser hält, als er ist: und der gemeine Kopf hält sich selber für weiser als er ist, wenn er es wagt, die Beweggründe zu den Handlungen des fähigern Kopfs ergründen zu wollen.

275. Kurz, es ist ein Wald, ein Labyrinth; in keinem Stücke gehen wir unsicherer, und in keinem verirren wir uns öfter.

276. Das aus dieser Laune entstehende Unheil ist vielfach, und gefährlich: denn die Menschen verführen sich selber, ergreifen falsche Maaßregeln, und fühlen sich oft in ihren Erwartungen sehr schädlich und jämmerlich betrogen.

277. Dies Nachgrübeln schließt alles
Ver-

Vertrauen im Umgange aus, giebt keinen Grundsatz fürs Handeln zu; setzt voraus, daß ein jeder Mensch nach andern, als den sichtbaren, Beweggründen handle; und daß es unter den Menschen keine Rechtschaffenheit noch Redlichkeit gebe: es sey keine Wahrheit, sondern bloße Kniffe.

278. Es glaubt, daß weder Natur noch Religion, sondern blos irgend ein zeitlicher weltlicher Vortheil oder Anschlag, die wahre, die geheime Triebfeder aller Menschen sey.

279. Schwer ists auszudrücken, wie lieblos und wie unsicher es ist. Auch ist mehr Eitelkeit als wahrer Vortheil dabey.

280. Dieses thörichte Grübeln würde aber Stoff zu weit mehrern Betrachtungen geben. Für diesmal mag das schon gesagte genug seyn.

Liebe und Mildthätigkeit.

281. Liebe hat mancherley Bedeutungen, ist aber, in allen, vortreflich.

282. Sie bedeutet, für's Erste: das Mitlei-

Mitleiden mit den Armen und Unglückli=
chen unter den Menschen; und reicht eine
hülfreiche Hand, zur Verbesserung ihres
Zustandes.

283. Menschen, die diese Menschen=
liebe nicht fühlen, sind höchstens, nur
Halbmenschen: denn diejenigen, die nicht
liebreicher sind, müßen kein Menschenge=
fühl haben, das einen so wesentlichen Theil
der Menschen=Natur ausmacht.

284. Ein Mensch seyn, und doch die
Bedürfnisse und Noth seines eigenen Flei=
sches und Bluts nicht fühlen! Eher ein Un=
geheuer, eine Mißgeburt! und möchte sie
doch ein so ungeheures Geschlecht in der
Welt nicht fortpflanzen können!

285. Eine solche Lieblosigkeit verderbt
die besten Gewinnste; und aller Wahr=
scheinlichkeit nach zieht sie ihren Besitzern
den Fluch zu.

286. Auch dürfen wir nicht hoffen,
daß GOtt unser Gebet erhören werde, wenn
wir die Bitten unserer nothleidenden Ne=
benmenschen nicht erhören.

287c

287. GOtt sendet die Armen, uns zu prüfen, so wie er sie, durch ihre Armuth prüft: und wer sich weigert, ihnen von dem Vielen, das GOtt ihm geschenkt hat, ein wenig mitzutheilen, der hinterläßt seinen eigenen Nachkommen die Anwartschaft auf Armuth.

288. Ich will nicht sagen, diese mildthätige Werke seyen verdienstlich: aber ich getraue mirs zu sagen, sie sind GOtt wohlgefällig, und werden nicht unbelohnt bleiben: Ob wir gleich, (um uns in unserer Eitelkeit und selbst in unserer Freygebigkeit zu demüthigen) blos das geben, was uns selber sowohl zum Verschenken als zu unserem eigenen Gebrauche verliehen ist; denn wenn wir selber nicht unser eigen sind, so ists noch vielweniger das was GOtt uns anvertraut hat.

289. Hiernächst betrachtet Liebe sowohl Personen als Handlungen immer auf der besten Seite; und ist so weit entfernt, ein boshafter Spion, oder ein Verläumder zu seyn, daß sie Schwachheiten entschuldigt,

Fehl

Fehltritte mildert; alles zum Besten deu=
tet, allen verzeiht, allen dient; und bis
ans Ende hofft.

290. Sie mäßigt Ausschweifungen;
ist immer auf Hülfswege bedacht; beeifert
sich, Zwistigkeiten beyzulegen, will lieber
leiden als sich rächen: und ist so weit ent=
fernt, den letzten ihr gebührenden Heller zu
erpressen, daß sie lieber Verlust leiden, als
ihr Recht durch gewaltsame und harte Mit=
tel suchen will.

291. Sie handelt zugleich frey und ei=
frig; aber allezeit um Gutes zu thun:
denn sie schadet niemanden.

292. Sie ist ein allgemeines Arzney=
mittel wider Zwitracht; und ein heiliges
Band für die Menschen.

293. Und Endlich, ists Liebe zu
GOtt und unsern Brüdern, die die Seele
weit über alle zeitliche Betrachtungen er=
hebt: und wie sie uns schon auf Erden ei=
nen Vorschmack des Himmels giebt, so ist
sie auch hier schon für die wahrhaftig lieb=
reichen ein wahrer Himmel.

294.

294. Dieß ist der edelste Sinn des Worts: Liebe: und diesem, als dem vortreflichsten Wege, sollten alle nachstreben.

295. Ja! dem vortreflichsten: denn wie Glaube, Hoffnung und Liebe der vortreflichere Weg waren, den der grosse Apostel den Christen entdeckte; (die nur allzu geneigt sind, sich blos an die äusserliche Gaben und Kirchen-Ceremonien zu halten) so zog er unter diesem bessern Wege, Liebe, als den besten Theil vor; weil dieser die übrigen überleben und ewig dauren wird.

296. Ein Mensch kann demnach, kein wahrer und guter Christ seyn, ohne Liebe, selbst in ihrer niedrigsten Bedeutung: und doch kann er diesen Theil derselben haben, und doch noch keiner von des Apostels wahren Christen seyn: denn dieser sagt uns: ”Wenn wir auch all unser Vermögen den Armen gäben, und es fehlte uns dabey an Liebe, (in den höhern und edlern Bedeutungen des Worts;) so würde es uns nichts helfen.”

297. Ja, ”wenn wir auch alle Zun-
”gen,

„gen, alle Kenntniße, und selbst die Gabe zu
„prophezeihen hätten, und andern predig=
„ten, und eifrig genug wären, unsere Lei=
„ber verbrennen zu laſſen, ſo würde doch
„alles dies, wenn es uns an Liebe fehlte,
„zu unſerer Seligkeit nichts helfen.“

298. Liebe ſcheint in der That ſein
unum neceſſarium, ſein Eins iſt Noth,
geweſen zu ſeyn, (und in der That ſollte es
auch das unſrige ſeyn) welches ſich Maria,
nach unſeres Heilandes Verſicherung, er=
wählt hatte, und zwar eifriger als ihre
Schweſter Martha, welcher es an den ge=
ringern und niedrigern Theilen der Liebe
nicht ſcheint gemangelt zu haben.

299. Wollte GOtt, dieſe göttliche
Tugend wäre häufiger und wirkſamer unter
den Menſchen, beſonders denen, die ſich
Chriſten nennen wollen: ſo würde es uns
gewiß mehr um Frömmigkeit als Streitfra=
gen zu thun ſeyn, und, an ſtatt einander
auf irgend eine Art zu tadeln, und zu ver=
folgen, würden wir Liebe und Mitlei=
den ausüben.

✻ ✻ ✻